OS 10 MANDAMENTOS DA LGPD

O GEN | Grupo Editorial Nacional – maior plataforma editorial brasileira no segmento científico, técnico e profissional – publica conteúdos nas áreas de ciências sociais aplicadas, exatas, humanas, jurídicas e da saúde, além de prover serviços direcionados à educação continuada e à preparação para concursos.

As editoras que integram o GEN, das mais respeitadas no mercado editorial, construíram catálogos inigualáveis, com obras decisivas para a formação acadêmica e o aperfeiçoamento de várias gerações de profissionais e estudantes, tendo se tornado sinônimo de qualidade e seriedade.

A missão do GEN e dos núcleos de conteúdo que o compõem é prover a melhor informação científica e distribuí-la de maneira flexível e conveniente, a preços justos, gerando benefícios e servindo a autores, docentes, livreiros, funcionários, colaboradores e acionistas.

Nosso comportamento ético incondicional e nossa responsabilidade social e ambiental são reforçados pela natureza educacional de nossa atividade e dão sustentabilidade ao crescimento contínuo e à rentabilidade do grupo.

FERNANDO **MARINHO**

OS **10**
MANDAMENTOS
DA **LGPD**

Como implementar a **Lei Geral de Proteção de Dados** em **14 passos**

- O autor deste livro e a editora empenharam seus melhores esforços para assegurar que as informações e os procedimentos apresentados no texto estejam em acordo com os padrões aceitos à época da publicação, *e todos os dados foram atualizados pelo autor até a data de fechamento do livro*. Entretanto, tendo em conta a evolução das ciências, as atualizações legislativas, as mudanças regulamentares governamentais e o constante fluxo de novas informações sobre os temas que constam do livro, recomendamos enfaticamente que os leitores consultem sempre outras fontes fidedignas, de modo a se certificarem de que as informações contidas no texto estão corretas e de que não houve alterações nas recomendações ou na legislação regulamentadora.
- Data do fechamento do livro: 14/08/2020
- O autor e a editora se empenharam para citar adequadamente e dar o devido crédito a todos os detentores de direitos autorais de qualquer material utilizado neste livro, dispondo-se a possíveis acertos posteriores caso, inadvertida e involuntariamente, a identificação de algum deles tenha sido omitida.
- **Atendimento ao cliente: (11) 5080-0751 | faleconosco@grupogen.com.br**
- Direitos exclusivos para a língua portuguesa
  Copyright © 2020 by
  Editora Atlas Ltda.
  Uma editora integrante do GEN | Grupo Editorial Nacional
  Travessa do Ouvidor, 11
  Rio de Janeiro – RJ – 20040-040
  www.grupogen.com.br
- Reservados todos os direitos. É proibida a duplicação ou reprodução deste volume, no todo ou em parte, em quaisquer formas ou por quaisquer meios (eletrônico, mecânico, gravação, fotocópia, distribuição pela Internet ou outros), sem permissão, por escrito, da Editora Atlas Ltda.
- Capa: Caio Cardoso
- Editoração eletrônica: Caio Cardoso
- Ficha catalográfica

CIP-BRASIL. CATALOGAÇÃO NA PUBLICAÇÃO
SINDICATO NACIONAL DOS EDITORES DE LIVROS, RJ

M29d

Marinho, Fernando
    Os 10 mandamentos da LGPD : como implementar a Lei Geral de Proteção de Dados em 14 passos / Fernando Marinho. – 1. ed. – São Paulo : Atlas, 2020.

Inclui índice
ISBN 978-85-97-02538-5

1. Tecnologia da informação – Medidas de segurança. 2. Proteção de dados – Brasil. 3. Direito à privacidade – Brasil. 4. Brasil. [Lei geral de proteção de dados pessoais (2018)]. 5. Administração – Processamento de dados. I. Título.

20-65949	CDD: 005.8
	CDU: 004.056.5

Camila Donis Hartmann – Bibliotecária – CRB-7/6472

SOBRE O AUTOR

Fernando Marinho é economista e pós-graduado em Segurança de Dados e Sistemas. Atua como consultor especialista em PCN desde 1999. Vice--presidente da Associação Internacional de Gestores de Emergência da América Latina e Caribe (AIGELAC), *country manager* do International Association of Emergency Managers (IAEM), membro do International Institute of Forensics and System Association (IIFSA), do Global Association of Risk Professionals (GARP) e da Associação Brasileira de Riscos (Abrisco). Colaborador da Associação Brasileira de Normas Técnicas (ABNT) nos Grupos de Trabalho das Normas de Gestão (ISO) de Segurança da Informação (série 27000) e Gestão de Riscos (série 31000), sendo coordenador do Grupo de Trabalho em Continuidade de Negócios (série 22300). Foi Presidente da Fundação de Apoio à Escola Técnica (FAETEC), assessor em Segurança de Informação para a Pagadoria da Marinha do Brasil e área de TI Corporativa na Petrobras. Membro da Coordenadoria de Investigações de Crimes Eletrônicos do Ministério Público do Rio de Janeiro. Professor nos cursos de Pós-Graduação em Segurança de Dados e Sistemas no Núcleo de Computação Eletrônica (NCE) da UFRJ, na Unirio, na Unisinos e na Escola de Guerra da Marinha.

DESCONTO NO CURSO MINISTRADO PELO AUTOR

Ao adquirir este livro, você ganhou um cupom de desconto de 25% na compra do curso ***Os 10 mandamentos da LGPD: um workshop para aprender a implementar na prática a LGPD em 14 passos***, ministrado pelo professor Fernando Marinho, disponível no endereço:

https://os10mandamentosdalgpd.com.br

Este cupom de desconto é válido até o dia 15/09/2021.

A efetivação do desconto na compra e a continuidade de disponibilização do curso são de inteira responsabilidade do autor. Para eventuais dúvidas e/ou reclamações, entrar em contato com o professor Fernando Marinho pelo *e-mail*: marinhofernando@gmail.com

Use o código:
LGPD-ATLAS25

SUMÁRIO

Introdução, 1

Capítulo 1 | O GDPR e a LGPD: o "bicho-papão" da vez, **5**

Capítulo 2 | Riscos no adiamento da LGPD (e na falta de ação), **11**

Capítulo 3 | Impactos do GDPR que a LGPD deve provocar no Brasil, **15**

Capítulo 4 | A LGPD do elefante e os seis cegos, **19**

Capítulo 5 | Por que sua alta gestão não está preocupada com LGPD/GDPR?, **23**

Capítulo 6 | Não se preocupe com GDPR/LGPD, **29**

Capítulo 7 | A LGPD da qual ninguém fala, **33**

Capítulo 8 | O que os advogados não sabem sobre GDPR/LGPD?, **43**

Capítulo 9 | *Checklist* de conformidade à LGPD, **47**

Capítulo 10 | A adequação da LGPD nas empresas, **55**

Capítulo 11 | Conheço LGPD desde criancinha, **59**

Capítulo 12 | O que a LGPD tem a ver com segurança de informação?, **63**

Capítulo 13 | Faltando pouco para o início da LGPD: o que você tem feito sobre o assunto?, **67**

Capítulo 14 | A conformidade da LGPD que vai dar errado, **73**

Capítulo 15 | LGPD: a certificação que todos querem e não existe, **77**

Capítulo 16 | Transformando limões em limonada (ou caipirinha), **81**

Capítulo 17 | Existe privacidade nas informações dos mortos?, 85

Capítulo 18 | Os dez mandamentos da LGPD, 87

Capítulo 19 | Consentimento e legítimo interesse: facas de dois gumes, 91

Capítulo 20 | Cinco razões por que você não vai se adequar à LGPD, 95

Capítulo 21 | A ISO 27701 pode certificar sua empresa na conformidade à LGPD?, 99

Capítulo 22 | A lenda do encarregado de dados perdido, 103

Capítulo 23 | Estudei, me certifiquei e até agora não me empreguei: o que fazer?, 107

Capítulo 24 | Ganhamos ou perdemos com o adiamento da vacância na LGPD?, 111

Capítulo 25 | Ser DPO ou não, eis a questão..., 115

Capítulo 26 | A matriz de responsabilidades na LGPD, 119

Capítulo 27 | Errando (feio) no termo de referência (TR) da LGPD, 125

Capítulo 28 | LGPD com espuma ou sem?, 129

Capítulo 29 | Não: essa ANPPD (Associação Nacional de Profissionais de Proteção de Dados) não me representa, 133

Capítulo 30 | A volta dos que não estão em conformidade com a LGPD, 135

Capítulo 31 | Falando o óbvio sobre a LGPD: a água é molhada, 139

Capítulo 32 | A LGPD e a descoberta da roda, 143

Capítulo 33 | Erros de privacidade comuns em todas as empresas, 145

Capítulo 34 | O que é um DPIA/RIPD?, 149

Capítulo 35 | O pulo do gato na análise de brechas (*gap analysis*) da LGPD, 155

Capítulo 36 | Você sabe planejar um projeto de conformidade à LGPD?, 159

Capítulo 37 | Programas de fidelidade em tempos de LGPD, 163

Dúvidas comuns, 167

Glossário, 177

Modelos simplificados de política de privacidade, 183

Índice alfabético, 197

INTRODUÇÃO

Como profissional de segurança de informação, comecei a estudar o GDPR europeu (General Data Protection Regulation, ou Regulamento Geral de Proteção de Dados, como é denominado em Portugal) em 2016, atraído pelos requisitos de implementação de alguns dos mecanismos de segurança preconizados pela Norma ISO 27001: política de segurança, classificação de informação, controle de acesso, gestão formal de *backup*, criptografia, teste de invasão, plano de resposta a incidentes e plano de continuidade de negócios (sendo este último item, minha especialidade: o PCN).

O GDPR começou a vigorar na Europa em maio de 2018, após uma vacância (prazo de tolerância) de dois anos para as empresas da Comunidade Europeia se adequarem. No início de 2020, estimava-se que 15% das empresas europeias ainda não estavam em conformidade com a Lei.

A Lei nº 13.709/2018, conhecida como Lei Geral de Proteção de Dados, ou simplesmente LGPD, foi sancionada em agosto de 2018, concedendo uma vacância até fevereiro de 2020, que posteriormente foi prorrogada para agosto de 2020, depois para maio de 2021 e agosto de 2021. Se a Medida Provisória 959/2020 não for confirmada, recai para 16 de agosto de 2020 (data da LGPD original). Até o lançamento deste livro, ainda havia incertezas sobre a data do término de suspensão das penalidades.

Quadro I.1 Comparativo entre o GDPR e a LGPD

Item da Lei	GDPR	LGPD
Registro de atividades de processamento	Não obrigatório para empresas com menos de 250 funcionários	Obrigatório para todas as empresas
Multas	Até 4% do faturamento (€ 20M)	Até 2% do faturamento (R$ 50M)
Requisição de direitos	Em até 30 dias, gratuidade opcional	Em tempo razoável, gratuita
Notificação obrigatória de incidentes	72 horas	Tempo razoável (a ser definido)
Agência reguladora	Definida	ANPD[1] (MP, PROCON, outros)
DPO/ED[2]	Pessoa natural ou jurídica	Pessoa natural ou jurídica
Legítimo interesse	Mais restrito	Mais flexível
Dados anonimizados	Não são considerados pessoais em perfis	Podem ser considerados pessoais em perfis
Perfis comportamentais	Necessário causar impacto no titular dos dados	Sempre se considera causar impacto no titular dos dados
Transferências internacionais	Possível, com base no legítimo interesse, caso não seja frequente	Com consentimento específico, mesmo sem legítimo interesse
Dados de saúde	Não podem ser tratados mediante contrato	Podem ser tratados mediante contrato de prestação de serviço

---

[1] ANPD: Autoridade Nacional de Proteção de Dados.
[2] DPO/ED: *data protection officer*/encarregado de dados.

Até a publicação deste livro, existem cerca de 200 sugestões de alteração da Lei, inclusive um Projeto que deveria ser votado até março de 2020, propondo prorrogação do prazo de vacância para 2022.

A LGPD estabelece normas e regras rigorosas para a proteção de dados pessoais, regulamentando seu tratamento, definido como qualquer ação realizada desde a coleta, cópia, edição, armazenamento, publicação, impressão, transmissão, processamento e compartilhamento de dados pessoais.

Como principais objetivos, a LGPD visa fortalecer o direito à privacidade dos titulares de dados, protegendo os direitos fundamentais dos indivíduos, pelo fortalecimento da segurança da informação quanto a privacidade, transparência, desenvolvimento, padronização, proteção do mercado e livre concorrência.

Todas as empresas que realizam o processamento de dados pessoais, sejam próprios (de seus funcionários e colaboradores) ou de terceiros (clientes, fornecedores ou parceiros) serão impactadas nas relações comerciais e de consumo, relações de trabalho e emprego, adequações de tecnologia e processos, políticas corporativas de privacidade, ética e segurança de dados, bem como na capacitação e no treinamento de pessoal (público interno e externo).

A LGPD impõe uma profunda transformação no sistema de gestão de dados no Brasil, regulamentando a forma pela qual as organizações passarão a utilizar esses dados, criando diretrizes e limitações para todas as empresas em território nacional ou empresas nacionais em território estrangeiro.

Entretanto, esse mesmo pioneirismo acabou por criar enorme confusão no que tange aos meios necessários para atendimento dos seus requisitos, pela falta de referências anteriores que orientem as atividades necessárias e pela expressão "Lei" e "Proteção de Dados", que polarizam o assunto entre o jurídico e a tecnologia de informação.

Isso provocou uma intensa movimentação por parte de escritórios de advocacia dos mais diversos portes e de empresas que desenvolvem *softwares* e aplicativos, que ajustaram o discurso comercial de seus serviços e produtos, passando a oferecer suporte e gestão ao processo de adequação aos requisitos da LGPD.

Instantaneamente surgiram cursos, diplomas e certificações profissionais, muitas vezes de pessoas e entidades que nunca antes haviam trabalhado ou se capacitado nos temas exigidos para essa missão. Até uma empresa pública federal e alguns sindicatos ofereceram-se no mercado como prestadores de serviço para conformidade à LGPD.

Esta obra pretende desmistificar o assunto, apresentando uma metodologia capaz de auxiliar os profissionais envolvidos na missão de implementar a conformidade da sua empresa à LGPD, evitando que se percam entre os termos legais e manuais técnicos, esclarecendo situações fundamentadas em casos reais e projetos executados com sucesso.

Os capítulos foram elaborados com base em textos que escrevi entre 2019 e 2020, abordando vários aspectos e particularidades trazidas pela proteção de privacidade. Ao final de cada capítulo, serão apresentadas descrições de cada fase necessária para implementação de um projeto de conformidade com LGPD/GDPR, composto pelo seguinte "*framework*":

- Manutenção de estrutura de governança.
- Manutenção do inventário de dados pessoais e mecanismos de transferência de dados.
- Gerenciamento da política interna da privacidade de dados.
- Inclusão da privacidade de dados nas operações.
- Gerenciamento de um programa de conscientização e treinamento.
- Gerenciamento de riscos da segurança de informações.
- Gerenciamento de riscos de terceiros.
- Gerenciamento de alertas.
- Respostas a solicitações e reclamações de terceiros.
- Monitoramento de novas práticas operacionais.
- Programa de gerenciamento na perda de dados.
- Práticas de manuseio de dados.
- Acompanhamento de critérios externos.
- Suporte e continuidade da estrutura de privacidade.

Se desejar conhecer mais a respeito do tema, visite www.os10mandamentosdalgpd.com.br.

Fernando Marinho
Rio de Janeiro, julho de 2020.

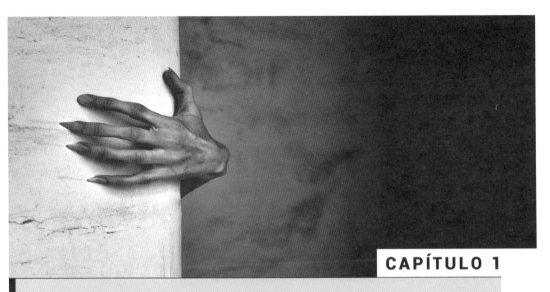

CAPÍTULO 1

O GDPR E A LGPD: O "BICHO-PAPÃO" DA VEZ

Até meados de setembro de 2019, cerca de 70% das pessoas com quem me relaciono nunca ouviram falar do GDPR ou da LGPD. Dos outros 30%, 15% achavam que o assunto é de cunho jurídico, 5% consideravam um assunto de sistemas de informação (SI)/tecnologia da informação (TI), e o restante tinha noção do problema e estava realmente preocupado com o assunto.

Os principais motivos dessa preocupação são a falta de uma referência anterior – que sirva para avaliar o escopo de atividades necessárias para implementar a conformidade – e os respectivos custos necessários para atendimento aos requisitos desta nova Lei.

É entre os meses de setembro e outubro que as grandes empresas começam a realizar seus orçamentos para o ano seguinte (e, em alguns casos, a revisão dos próximos), baseadas no que foi feito ao longo do ano.

E praticamente **nenhuma** das quase 100 empresas que visitei ao longo de 2019 havia alocado um centavo para atender este assunto.

Se os investimentos necessários para adequação aos requisitos dessa Lei não foram incluídos no orçamento para 2019, quando efetivamente começou a contagem do prazo de adequação, significa dizer que o atendimento ao assunto será postergado para 2020, restando então apenas 6 meses para aproximadamente 150 atividades de ajuste.

Se a maturidade da sua empresa em relação à segurança de informação e gestão de riscos é elevada, o seu problema é menor do que o daquelas empresas em que tudo é feito "para auditoria", sem nunca terem enfrentado um problema de vazamento de informações, ciberataque ou interrupção de negócios.

Porém, o principal problema será o mesmo: como avaliar os custos necessários para implementação dos controles exigidos pelas leis de proteção à privacidade se não sabemos o que temos de fazer?

Não existe uma panaceia universal capaz de atender a essa necessidade, tampouco um produto já testado.

É necessária uma análise dos requisitos do GDPR ou da LGPD, muito semelhantes, para identificar o "trabalho de casa" que deverá ser realizado e estimar o valor que deverá ser alocado nos próximos orçamentos.

Muitas pessoas acham que é simplesmente uma questão de comprar produtos ou contratar serviços, mas esquecem que grande parte do escopo dessas Leis são processos e, portanto, exigirão muito mais tempo para serem adequados a uma nova realidade cujo prazo de entrega seria 16 de agosto de 2020.

Visitei uma empresa de moda feminina de grande porte que, ao término da minha apresentação sobre a LGPD, me contou que as lojas perguntavam às clientes se desejavam ser notificadas sobre promoções e descontos especiais pelo WhatsApp. Depois, vim a saber que essa é uma prática comum em empresas desse ramo.

Uma das novidades da LGPD é a obrigatoriedade de um vínculo (finalidade) para a coleta da informação privada, com uma base legal. Ou seja: toda coleta de informação deve ter por objetivo uma finalidade específica e clara. Não se coletam dados "por coletar", muito menos com objetivo comercial, sem o consentimento esplícito do titular dos dados.

Durante minha visita, questionei se havia algum documento, físico ou digital, que as clientes preenchiam, evidenciando o interesse delas em receber mensagens promocionais pelos seus *apps* pessoais. Não, não havia nada. As vendedoras registravam os telefones das clientes na mesma hora que aceitavam a oferta, diretamente no aparelho celular da loja.

Quando perguntei quantos registros a empresa mantinha, veio o espanto: cerca de 600 mil registros de telefones de clientes no WhatsApp de lojas, com o objetivo de informar sobre promoções e descontos, sem autorização formal dos clientes.

Eu expliquei à gerente de marketing que essa situação exigiria três ações imediatas:

1. A criação de um mecanismo que registrasse o interesse das clientes em receber essas mensagens a partir daquela data. Isso resolve a exigência de conformidade a partir de hoje.
2. A definição de um meio de coletar o consentimento das 600 mil clientes que já estavam cadastradas nos celulares das lojas. Resolve o problema das clientes que deram seus números sem formalizar o consentimento.
3. O descarte das clientes que não aderiram ao consentimento ou expressaram a vontade de não receber mais essas mensagens. Elimina a não conformidade das clientes que não se manifestaram e cujos telefones não podem ser mantidos por força da LGPD.

Obviamente essas ações envolvem o jurídico (na elaboração do termo de consentimento) e a TI (disponibilizando um meio de oferecer o consentimento, bem como registrar a adesão ou a recusa de cada cliente). Contudo, prestem atenção: fundamentalmente, estamos tratando de **ajuste** de um processo de negócio, por meio de atividades distintas, com o objetivo de adequá-lo aos requisitos da LGPD. Nem jurídico nem TI, ao contrário do que muita gente **ainda** pensa.

Dessa forma, é fundamental realizar uma *gap analysis* (análise de brechas) ou diagnóstico situacional da empresa em relação aos requisitos de conformidade a LGPD/GDPR, para identificar o escopo das atividades necessárias, quantificando esse esforço, a fim de permitir o planejamento de atividades em menos tempo, oferecendo uma visão mais precisa de quanto precisarão investir para estar prontos no prazo.

Para provar esse ponto, vou citar uma situação real: uma grande empresa (2 mil funcionários e 500 mil clientes) me perguntou quanto custaria a revisão de seus contratos. E eu devolvi a pergunta com outra: de **quantos** contratos estamos falando? Se forem 10 contratos, é um valor. Se forem 1.000, é outro. Sem saber a quantidade, como vou precificar o serviço?

Mesmo assim, 90% das empresas estão aguardando a movimentação de seus concorrentes ou pior: esperando ver se a "Lei pega" para decidir o que fazer.

 FASE 1 DO PROJETO
Manutenção da estrutura de governança

Como podemos iniciar um projeto de mudanças em uma organização inteira sem antes definir as "regras do jogo", se até "pelada de rua" tem regras? Quem vai ser o juiz da partida?

Antes da LGPD, havia poucas empresas preocupadas com o tema "privacidade" além daquelas relacionadas ao segmento de saúde, como hospitais e clínicas.

Como seria, então, implementar o projeto em uma indústria ou seguradora?

A primeira coisa é definir quem será o responsável pelo assunto, pois, além de ser uma exigência da LGPD (e do GDPR), permite centralizar o controle das atividades do projeto, diferente do que ocorre quando concedemos autonomia a um grupo de pessoas ou comitê.

Isso é tão sério que recentemente uma empresa fiscalizada por entidade europeia foi autuada porque a função não havia sido formalmente vinculada ao cargo do colaborador encarregado.

Ambas as Leis exigem a nomeação de um encarregado de dados (que no GDPR é denominado DPO ou *data protection officer*), cujo conceito tem sido distorcido para atender ao interesse de entidades que oferecem "capacitação profissional" de uma função definida por Lei, diferente de se tratar de um cargo ou profissão de mercado.

Quando me perguntam acerca do perfil desse profissional, sempre respondo que sua maior habilidade deve ser a interação entre as áreas de negócios com o jurídico e a TI/SI, visando ao atendimento dos requisitos da LGPD. É irrelevante se é um advogado ou técnico: sua maior competência deve superar o conhecimento tradicional, impondo-se como um integrador de diferentes conhecimentos para obter o resultado desejado.

A criação de um comitê para atuar em assunto que envolve a privacidade também é uma recomendação das Leis, porém, deve-se levar em conta o seguinte contexto: um grupo de trabalho para atuar no projeto de implementação deve ter um perfil específico para atender ao objetivo do projeto, ou seja, a implementação da conformidade à LGPD. Já um comitê definido para tratar do assunto privacidade pode ter outro perfil, com objetivo mais estratégico.

Outro ponto importantíssimo: existem empresas do segmento financeiro (especialmente fundos de pensão e *exchanges* de criptomoedas) ou *startups* que possuem poucos colaboradores. Como instituir um "comitê" em uma empresa com 20 funcionários? E, ainda por cima, devemos levar em consideração a base legal do tratamento da informação privada e **se** a empresa utiliza informação de pessoas para seus negócios ou apenas de seus funcionários.

Considerando que nossa organização permita a atuação de um comitê de privacidade, qual seria seu papel? Alçada? Responsabilidades? Seus membros participariam de reuniões semanais, mensais, semestrais? Como formalizar e disciplinar o relacionamento entre o comitê, seus membros e a organização?

Uma política é um documento no qual estabelecemos diretrizes, normas e procedimentos voltados para o objetivo desejado. Nesse caso, a proteção de dados e informações pessoais, sejam eles de clientes, colaboradores, parceiros ou fornecedores. Nessa "política de privacidade", iremos explicitar responsabilidades, funções, prazos, processo e tudo o que for necessário para orientar nossas atividades de gestão da privacidade em nossa organização.

Nada deve ser feito da noite para o dia: trata-se da criação de um processo, que será amadurecido à medida que formos evoluindo para as próximas fases de adequação à LGPD.

CAPÍTULO 2

RISCOS NO ADIAMENTO DA LGPD (E NA FALTA DE AÇÃO)

Eu nunca vi tanta gente se manifestando, de diversas formas, dando as mais variadas e criativas opiniões por meio de *posts*, *lives*, vídeos e artigos sobre a LGPD e o "mistério" do que vai acontecer se essa Lei for efetivamente adiada.

Na prática **(releia: na prática)**, o que mudaria em relação à rotina das empresas? **Nada**.

Mas e a multa de R$ 50 milhões ou 2% do faturamento?

As multas, assim como as penalidades elencadas pela LGPD, serão aplicadas em casos de vazamento de dados ou denúncias de desvios de finalidade na coleta. Não é o mesmo que um imposto cobrado a cada emissão de nota fiscal ou uma taxa para custear algo que se refletirá no orçamento das empresas.

Essas multas determinadas pela LGPD serão cobradas em situações de falhas, excepcionais, e por isso não se pode considerar que o adiamento da LGPD "ajuda" a empresa. A não ser que esta seja uma "vazadora contumaz", que tenha medo do preço que terá de pagar na próxima vez que um vazamento se tornar público.

Aliás, talvez esse seja o grande receio, já que a LGPD exige que a empresa que vaze dados privados se denuncie, colocando seu nome na guilhotina da ANPD. Mas não temos ANPD! E agora?

Novamente a situação não é tão diferente assim, porque o MPDFT (Ministério Público do Distrito Federal e Territórios) tem investigado e, quando cabível, penalizado as empresas responsáveis por vazamentos ou irregularidades. Ah, mas a multa não é de R$ 50 milhões?

Quem disse que a multa de R$ 50 milhões será emitida para qualquer caso de vazamento? Acreditamos também no bom senso e coerência de que um incidente sem ocorrências anteriores possa demandar uma ação disciplinar, uma advertência ou uma multa diária.

Vale lembrar uma multa de R$ 7,4 milhões, emitida pelo Procon de Belo Horizonte em 2019, pela coleta de CPFs de clientes por uma rede de farmácias. Não houve vazamento, mas coleta de dados sem finalidade específica.

Os R$ 50 milhões são o "bicho-papão" de quem está oferecendo um produto ou serviço para comover o cliente. Porém, não acredito que as multas sejam fáceis de acontecer. Na Europa, creio que só ocorreram duas ou três multas milionárias nesse tempo de vigência do GDPR.

Na minha opinião, existem, sim, dois grandes problemas que as pessoas não enxergam e que, apesar da ausência da LGPD, deveriam estar no "radar" de preparação das empresas para evitarem essas vulnerabilidades que poderão se concretizar:

1. A empresa decide esperar a vacância terminar e a LGPD começar a vigorar, enquanto seus clientes já se mobilizaram para a conformidade. Isso significa dizer que, quando os clientes estiverem adequados à LGPD, via de regra só poderão contratar fornecedores que também estejam em conformidade, sob risco de estarem em não conformidade! Caberá à alta gestão ter (e usar) essa percepção para planejar a prioridade com que as atividades necessárias de ajustes à LGPD serão implementadas.
2. A empresa possui uma grande base de dados (operadora de celular, *exchange* de criptomoeda, banco, seguradora etc.) e começa a sofrer ações judiciais, como já acontece, por "associações sem fins lucrativos" que organizam ações coletivas para produção prévia de provas, visando evidenciar

a ausência dos requisitos exigidos pela LGPD que comprovem o ambiente de proteção de dados preconizado.

Com base no Código de Defesa do Consumidor (CDC), essas ações visam exigir indenizações pela "exposição de dados privados de clientes" ou provar a "insegurança do ambiente onde os dados privados estão armazenados" e poderão se multiplicar exponencialmente, na medida em que não haja (hoje) uma ANPD para regular ou disciplinar situações que a LGPD não previu e que certamente serão exploradas de forma oportunista.

A judicialização de ações sobre privacidade de dados, em um momento em que juízes ainda não estão familiarizados com o assunto, pode se tornar um enorme fator de risco, considerando-se que as sentenças que venham a ser proferidas devam estar mais próximas da interpretação do CDC do que da LGPD.

O PL 1027/2020, aprovado no Senado Federal e encaminhado à Câmara dos Deputados, que altera a vigência da LGPD, cria um novo problema para os tratadores de dados individuais, referenciando a data do novo início de vigência da Lei (janeiro de 2021) e a data a partir da qual poderão ser imputadas penalidades administrativas (agosto de 2021).

Sem mudanças, o prazo de não imposição de penalidade não invalida a obrigatoriedade de estar-se adaptado às exigências da Lei até o final de dezembro de 2020, não impedindo iniciativas de pessoas físicas pleiteando indenizações, caso os controladores de seus dados não lhes respondam às demandas requeridas pela LGPD, uma vez que a não penalização somente se refere às de cunho administrativo, além do que indenização não é penalidade.

Se essa situação não for corrigida, vamos nos ver frente a uma enorme brecha de conformidade nas empresas que não estiverem de acordo com a LGPD, quanto a atender a solicitações dos titulares dos dados armazenados, garantidas pela Lei.

Na minha opinião, esses são riscos maiores que os da própria aplicação das multas que as empresas atualmente correm pela ausência de uma LGPD em vigor e de uma ANPD atuante.

FASE 2 DO PROJETO
Programa de gerenciamento na perda de dados

Se sua empresa sofresse algum tipo de vazamento de dados, um dos maiores impactos (fora as penalidades da LGPD) incidiria sobre a imagem e reputação da organização, afetando negativamente seu valor de mercado e muito provavelmente uma fuga de clientes para a concorrência, diminuindo sua participação no mercado e obviamente a lucratividade.

Um incidente envolvendo a perda de dados pode se concretizar por diferentes formas: desde o extravio de um *pen drive*, relatórios de clientes ou o roubo de um *notebook* até um ciberataque.

Considerando-se que a resposta ao incidente é uma atividade reativa, ou seja, planejada para ser posta em prática após a ocorrência, o principal objetivo deste processo será minimizar os impactos negativos decorrentes do fato, por meio do direcionamento de informações específicas para cada uma das partes interessadas (*stakeholders*), tais como clientes internos e externos, investidores, órgãos reguladores, órgão fiscalizador, imprensa e outros.

Há clientes que já incluíram o cenário de "vazamento de informações" no plano de gestão de crises existente.

É necessário identificar os papéis na contenção e no compartilhamento de informação para atender aos anseios das partes interessadas, em vez de deixá-los ao acaso e permitir o risco de boatos e informações infundadas serem repassados, agravando os danos que um incidente dessa natureza geralmente acarreta.

Devemos indicar **quem** pode e quem **não** pode se manifestar sobre o incidente, direcionando o atendimento de questionamentos e solicitações a pessoas previamente selecionadas, que estarão capacitadas na condução de respostas para suavizar a tensão do momento e tranquilizar expectativas exaltadas.

Sendo acionado em conjunto com respostas técnicas, providas pelas áreas de TI, SI e eventualmente pelas áreas de negócios, o plano de resposta a incidentes deve estar alinhado ao plano de gestão de crises, podendo até compartilhar colaboradores, capazes de assumir papéis distintos, mesmo atendendo ao mesmo cenário.

IMPACTOS DO GDPR QUE A LGPD DEVE PROVOCAR NO BRASIL

O GDPR acarretou uma mudança expressiva na configuração dos *websites*, reduzindo drasticamente os mecanismos de coleta de dados de seus usuários/visitantes, tendo em vista o cuidado em obter o consetimento prévio, caso efetivamente houvesse algum tipo de rastreamento.

É importante que as áreas de TI se envolvam **nesta** fase da implementação, porque as áreas de negócios vão se ressentir da perda das facilidades de uma estrutura que capturava praticamente tudo que podia dos seus visitantes.

Isso não será mais possível, sem o consentimento do usuário.

FASE 3 DO PROJETO

Manutenção do inventário de dados pessoais e mecanismos de transferência de dados

Via de regra, quando uma empresa decide iniciar um processo de adequação à LGPD, o primeiro passo é pesquisar no Google como devem conduzir essa atividade. E normalmente os dois resultados mais numerosos da pesquisa são o inventário de dados e a revisão de contratos (geralmente quanto à cláusula de privacidade).

Sobre dados pessoais, sempre digo que ninguém tropeça em "pedras de duas toneladas", ou seja: todos aqueles dados críticos para a empresa são conhecidos por todos e não precisam ser descobertos. O problema são aqueles arquivos que depois de usados ficaram "para trás" e que, de acordo com a experiência de uma grande empresa produtora de *software* de gestão de dados, ocupam 40% do espaço em disco das empresas com mais de um ano sem acesso.

Ao longo de 2019 e 2020, atendi várias empresas que, por não possuírem uma política de descarte de dados (físicos e eletrônicos), tornaram-se verdadeiras "acumuladoras", mantendo informações de pessoas com quem já não tinham relacionamento e que, em alguns casos, haviam falecido há vários anos e até mesmo décadas.

O problema é que um dos requisitos da LGPD é justamente a manutenção da atualidade dos dados pessoais mantidos e a exclusão de informações de pessoas com quem a organização não tenha mais relacionamento.

Como eu não sei se o leitor está familiarizado com o assunto, existem basicamente dois tipos de dados: o estruturado, geralmente inserido em um banco de dados (SQL, Oracle, outros) e o não estruturado, que na maior parte das vezes está disperso nas organizações, em diferentes tipos de arquivos (anexos de *e-mails*, fotos, planilhas, arquivos de texto ou PDF etc.).

IMPACTOS DO GDPR QUE A LGPD DEVE PROVOCAR NO BRASIL 17

Dados estruturados são mais fáceis de identificar porque têm um formato específico, próprio. Já dados não estruturados em geral são dissimulados e exigem muito mais tempo (para conferir o conteúdo) ou uso de ferramenta para agilizar o inventário, especialmente em uma grande área de armazenagem.

De qualquer forma, como poderemos proteger informações privadas, principal objetivo da LGPD, se não sabemos os dados pessoais de que dispomos? É fundamental identificarmos o que são, qual tamanho e onde estão esses dados, para que possamos efetivamente disciplinar, proteger seu acesso e garantir a privacidade.

Todavia, esses dados geralmente trafegam entre diferentes áreas da organização, eventualmente para fora da própria organização, exigindo utilizar uma forma segura de prover esta transferência, impedindo a eventual exposição de privacidade.

Internamente, a melhor forma de prover proteção e minimizar o risco de exposição de dados é implementar processos que diminuam o acesso ao seu conteúdo. Por exemplo: trabalhei para uma *exchange* de criptomoedas que matinha o controle de saldo de seus clientes em uma planilha de acesso comum. Qualquer funcionário poderia acessar e verificar o saldo de qualquer cliente.

Uma de nossas primeiras medidas de segurança nessa empresa foi a indicação de um sistema de controle de saldos que utilizasse um registro próprio, com controle de acesso. Até por se tratar de informação confidencial (na época ainda não havia a LGPD), as informações deveriam ser protegidas de forma a não expor os valores de saldo dos clientes e seus respectivos nomes.

Se os dados forem transferidos de dentro para fora da empresa, devemos nos preocupar muito mais, pois, além do aspecto técnico que pode envolver criptografia ou anonimização, devemos também nos preocupar com o aspecto jurídico, uma vez que estaremos compartilhando (no caso de usarmos um portal *web*) ou armazenando (no caso de um *datacenter*) dados que nossa empresa coletou e utiliza para prestar seu serviço.

Há ainda um agravante caso essa transferência envolva empresas em diferentes países, o que a LGPD classifica como "transferência internacional de dados privados", e exige mecanismos de proteção (geralmente contratuais) que regulem e garantam a privacidade das informações que estão sendo transferidas, exigindo responsabilização e impondo penalidades no caso de vazamentos.

O vazamento, compartilhamento indevido, desvio de uso ou exposição de dados por terceiro, seja intencional ou não, devem ser provados, e os mecanismos de proteção de dados, acionados, evidenciando nossa preocupação (e profissionalismo) prevendo esse risco quando decidimos transferir nossa base de dados para terceiros.

CAPÍTULO 4

A LGPD DO ELEFANTE E OS SEIS CEGOS

Conta uma antiga fábula oriental que seis cegos pediam esmola à beira de uma estrada quando sentiram o chão tremer. Espantados, perguntaram a um passante o que acontecia, e este lhes respondeu: "É um elefante chegando!".

Como nenhum deles sabia o que era um elefante, pediram ao condutor do animal que parasse e lhes permitisse tocar o elefante, para terem uma ideia de como ele é. O condutor então colocou os homens em torno do animal para que pudessem senti-lo com o tato.

Cada um dos cegos percebeu uma parte diferente do animal: "o elefante é como uma cobra", disse o que segurou a tromba. "O elefante é uma parede", falou o que tocava a barriga. Aquele que segurava o rabo disse: "não, ele é como uma corda". E assim por diante, levando os cegos a seis diferentes percepções do mesmo animal.

E nenhuma estava errada, apenas incompleta.

O mesmo tem ocorrido em relação a GDPR e LGPD: ora sendo comentada como um assunto jurídico, por advogados, ora discutida por profissionais de TI/SI, como se fosse tema exclusivo da tecnologia.

Sem citar as certificações que estão sendo oferecidas sem qualquer padrão ou "curso preparatório" por profissionais que nunca realizaram nenhuma implementação de projeto para conformidade à Lei. Ou seja: em um mercado carente por informações, algumas pessoas estão lucrando com isso.

Todavia, isso era esperado. O que não era esperado é a confusão reinante sobre como abordar o GDPR e a LGPD.

Em todas as minhas palestras, pergunto quantas empresas já definiram um responsável pelo tema, e invariavelmente a resposta é de menos de 10% da plateia. A maioria das empresas ainda não se mexeu e uma parte das empresas está tratando do assunto por meio de comitê (sou contrário a essa ideia por não permitir focar o assunto em alguém que possa ser cobrado dos resultados).

Até o momento, não vi **ninguém** comentando sobre as atividades necessárias para adequação à Lei. Porém, falam o tempo todo em inventário de dados e análise de contratos.

Se você está envolvido com esse assunto, peço que reflita sobre o fato dessa Lei não ser um mero conjunto de ordenações; ela traz também boas práticas consolidadas ao longo do tempo, documentadas em fontes como a ISO, o COBIT, o COSO e o ITIL. Só que os advogados não aprenderam isso na faculdade de Direito...

As Leis de proteção à privacidade não estão trazendo **nada** que profissionais de TI/SI já não conhecessem, porém, estão descritas em termos jurídicos. Também disciplinam a coleta e o uso da informação privada (pessoal), impondo prazos, penalidades e descrevendo medidas atenuantes.

Nunca antes houve uma oportunidade tão boa para os profissionais de segurança de informação das organizações poderem implementar tudo que sempre desejavam e nunca conseguiram, sob o pretexto da empresa não possuir orçamento.

Cabe a eles, com o apoio do jurídico e orientação das áreas de negócios, que são os verdadeiros coletores e consumidores de informações (tais como RH, compras, comercial e marketing), trabalhar em conjunto para permitir que o pouco tempo que resta (até agosto de 2020) seja proveitoso.

E se alguém lhe oferecer uma "solução completa", pergunte como ela irá revisar e atualizar os contratos (de trabalho, com fornecedores, clientes, outros) e os oito itens da ISO 27001 (desde a política de informação até o Pentest), além do próprio ajuste dos processos de negócios que coletam informações privadas, mas não estão em conformidade com a LGPD. Porém, se essa pessoa conseguir resolver isso tudo, pode indicar meu nome como cliente!

FASE 4 DO PROJETO

Gerenciamento da política interna da privacidade de dados

Lembram das "regras de pelada"? Pois é: devemos presumir que o projeto está em andamento e que, nesta altura do campeonato, já conversamos com várias áreas e descobrimos uma série de peculiaridades e particularidades nas áreas de negócios.

Dentre algumas comuns, podemos citar processos de recrutamento e seleção alternativos (as áreas iniciam um processo "próprio" para depois repassar o resultado de uma triagem pessoal para o RH finalizar), ou o envio de *mailing* marketing, seja promocional ou institucional, com vias de manter aberto o relacionamento com o cliente, usando *e-mail* ou aplicativo de mensagens, como, por exemplo, WhatsApp.

Na verdade, essas atividades "informais" (pois não estão documentadas, tampouco fazem parte da descrição da função da área) são criadas por seus gestores, desejando melhorar seu desempenho e, por que não dizer, o resultado da empresa?

O problema é que agora a coleta e a utilização de dados privados (de pessoas) deve seguir um "rito legal", seja o consentimento ou legítimo interesse, baseado no que a LGPD preconiza como justificativa para podermos processar essas informações.

Antes da LGPD, bastava nossa vontade ou o surgimento de uma necessidade da área de negócios que precisava ser atendida. Eu sempre repito que a LGPD não impede essas atividades, porém, elas só serão permitidas uma vez que se garanta que o titular das informações processadas esteja de acordo.

Então, vejamos: começamos nosso projeto de conformidade apresentando um documento chamado "política de privacidade" voltado para orientação dos colaboradores da empresa, que vão conduzir atividades de ajuste nos respectivos processos para conformidade à LGPD.

Poderão ocorrer duas situações:

1. Os itens da política podem não ser aplicáveis à realidade dos processos de negócios da organização, exigindo o ajuste de artigos específicos que atendam à proteção da privacidade e conformidade aos requisitos da Lei, ou;
2. Os processos de negócios realizam atividades que não foram abordadas na versão inicial da "política de privacidade", exigindo a elaboração de artigos que orientem as atividades do processo de negócio rumo à conformidade da LGPD.

Independentemente da situação, esse documento será conduzido ao longo do projeto de adequação e só deverá ser formalmente adotado após cumprir sua missão de ser validado por todas as áreas que efetivamente lidam com o processamento de dados privados, a fim de obtermos o compromisso de adesão dos colaboradores ao seu conteúdo.

Não podemos nos dar ao luxo de conduzir todo um projeto de conformidade para no final ainda haver dúvidas quanto ao principal documento que orientou todas as nossas atividades e que será nosso futuro guia.

CAPÍTULO 5

POR QUE SUA ALTA GESTÃO NÃO ESTÁ PREOCUPADA COM LGPD/GDPR?

Recentemente recebi de um amigo, empresário com mais de 20 anos no ramo de *software* para pequenas prefeituras, um artigo sobre a LGPD e respondi com a pergunta: "Quando você vai fazer algo a respeito?".

Ele me devolveu a provocação com a seguinte resposta:

"*Quando os clientes começarem a pedir,*

O que só ocorrerá quando os Tribunais de contas começarem a cobrar dos clientes,

O que só ocorrerá quando o Ministério Público começar a cobrar dos Tribunais;

Quando os concorrentes começarem a usar;

Quando começarmos a perder clientes por não ter... Isto é, quando voltarmos a acreditar em Papai Noel.

Mas pode ser que nosso principal fornecedor de tecnologia resolva implementar um diferencial em nosso produto e, então, possamos sair na frente.

Mas já estou velho para esse tipo de esperança."

Ri muito quando li a resposta dele à altura da minha "cutucada". E percebi que, ao longo de quase 100 (cem!) apresentações que fiz sobre GDPR/LGPD em empresas e eventos, a maioria dos profissionais ligados a TI, SI, jurídico, *compliance* e governança tem se comovido e motivado a fazer algo sobre o assunto.

Porém, pouquíssimos diretores, empresários e donos de empresas se sentiram dispostos a fazer algo, praticamente replicando a mensagem que meu amigo me enviou.

Se esse é o seu caso, não se desespere: existem situações em que o próprio mercado irá forçar as empresas a se adequarem às Leis, por bem ou por mal. Quer saber como?

1. Por força de conformidade a GDPR/LGPD: um dos pontos fortes é que uma empresa que está sujeita às Leis só pode contratar um fornecedor ou se aliar a outra organização que esteja em conformidade com as Leis.

    Não haverá uma "força de trabalho" fiscalizando empresas para analisar o grau de maturidade no atendimento às Leis. Não precisa, já que a contratação de um fornecedor que está sujeito a GDPR/LDPG exige evidências. Se sua empresa está sujeita às Leis como controladora ou operadora de dados e precisa contratar um prestador de serviço de computação em nuvem, consequentemente esse fornecedor deve provar que também está em conformidade, ou você automaticamente deixará de estar.

2. Caso ocorra um incidente de SI ou vazamento de informações, sua empresa será visitada pelo Ministério Público ou pela ANPD (Autoridade Nacional de Proteção de Dados), criada de direito, mas ainda não de fato até a publicação deste livro, para avaliar se houve negligência ou incompetência.

    Mesmo sem uma lei específica na época que sofreu vazamento de informações de clientes, a Netshoes pagou uma multa de R$ 2 milhões. A partir de agora, a LGPD obriga as empresas a tornar público o incidente. E quando isso ocorrer, você deve provar que havia implementado todas as boas práticas que as duas Leis exigem e que os melhores padrões de segurança de informação (ISO, COBIT, ITIL e outros) indicam. Ou seja: sua empresa pode não acreditar em "Papai Noel", mas precisa saber que, no caso de um incidente, ter ou não ter os controles necessários poderá fazer a diferença entre uma multa de "milhares" ou de "milhões".

3. A Lei começou a vigorar em janeiro de 2019. E passará a exigir que as organizações possuam os controles exigidos pela Lei a partir de agosto de 2020 (até a data em que escrevi este capítulo). Vamos esperar, então.

   Tanto o GDPR quanto a LGPD possuem sete itens descritos na ISO 22702: Política de Segurança, Controle de Acesso, Classificação de Informação, Gestão Formal de *Backup*, Plano de Continuidade de Negócios, Gestão de Riscos em TI e Pentest. Por isso, existe uma vertente que considera o assunto de implementação dessas Leis responsabilidade de TI. A grande questão é: se a sua empresa já possui todos esses mecanismos implementados e em conformidade com os requisitos das Leis, já existem evidências que reduzem o risco de pesadas multas. Porém, se não as tiver, será que há tempo suficiente?

4. Nosso jurídico já revisou os contratos e elaborou os termos de consentimento. Podemos ficar tranquilos.

   Efetivamente existem requisitos de adequação jurídicos no processo de conformidade, tanto no GDPR quanto na LGPD. Porém, não é suficiente para atendimento a todos os pontos requeridos, tampouco atende aos mecanismos de controle exigidos. Recentemente, li uma postagem que dizia que na Europa a parte mais difícil (e cara) está sendo a capacitação e o treinamento dos funcionários envolvidos na **coleta** das informações (que obviamente não é TI, nem jurídico).

5. "Mas estou velho para esse tipo...".

   Pode até ser. Porém, as Leis responsabilizam a alta gestão **pessoalmente**, e eventualmente a idade pode não ser um item a ser considerado no caso de um incidente em que sua organização seja envolvida. Será que os diretores ou o conselho da sua organização já foram informados disso?

Durante os estudos do GDPR e posteriormene da LGPD, identificamos 150 macroatividades e cerca de 600 procedimentos necessários para uma empresa com baixa maturidade em segurança de informação e privacidade se adequar a todos os requisitos exigidos pelas Leis.

O importante é definir os conceitos de confidencialidade e privacidade, tão próximos e ao mesmo tempo tão distintos, uma vez que se assemelham. Porém, a confusão pode levar a um cenário de "falso positivo" que aumenta o risco de incidentes e promove uma sensação de segurança que pode não corresponder à realidade.

Por último, um conselho profissional: envolva toda a organização antes, durante e após o processo de conformidade. A implementação dos requisitos das Leis de Proteção à Privacidade pode (e deve) ser conduzida por um projeto, mas não pode ser restrita a apenas um ramo do conhecimento ou uma área da empresa. Trata-se de um assunto holístico, cuja maior dificuldade será sua replicação em toda a estrutura.

Parece difícil? Tanto quanto foi, na década de 1990, a implementação dos CQT (Círculos de Qualidade Total), que hoje se tornaram parte de todos os processos das empresas preocupadas com governança e mercado, mais que a preocupação com multas...

Obs.: após ter escrito este texto, visitei várias empresas para apresentar os conceitos e minha metodologia de trabalho. Em **todas** as empresas onde pude falar diretamente com o *board* ou o dono, invariavelmente havia comoção quando eu dizia que a responsabilidade civil por vazamentos era do CEO ou da diretoria... A multa de R$ 50 milhões é um "bicho-papão" escondido embaixo da cama, mas a ameaça de responder pessoalmente na justiça é algo que comove a alta gestão.

FASE 5 DO PROJETO
Inclusão da privacidade de dados nas operações

A partir do primeiro dia, definindo a pessoa responsável pelo assunto privacidade na organização e identificadas as áreas e os processos que coletam ou processam bases de dados que tenham informações privadas, devemos começar a avançar nas atividades necessárias para proteger a coleta e o armazenamento nas atividades de negócios.

Atualmente, várias empresas varejistas oferecem novidades e atualizações via WhatsApp, solicitando os dados da cliente no ato do pagamento ou na entrega da mercadoria.

Sem uma finalidade específica, exceto a de vender, a coleta do número de celular sem consentimento é uma não conformidade que deve ser ajustada.

Essa situação exige atenção a três pontos distintos:

1. Um sobre a atividade presente, para corrigir a não conformidade futura, implementando o registro do consentimento da cliente para recebimento dessas mensagens.
2. Um sobre a atividade passada, para corrigir a ausência de consentimento das clientes sobre a coleta feita até o presente, enviando um pedido de consentimento para a cliente continuar a receber as mensagens.
3. E, finalmente, o descarte de todos os registros cujas titulares não tenham se manifestado ou tenham negado o consentimento.

Esse caso é emblemático em três vertentes:

1. Mostra de forma inequívoca a participação majoritária da área de negócio no ajuste da conformidade, em comparação com o papel do jurídico e da TI/SI.
2. Exige do jurídico o modelo do termo de consentimento, única ação de conformidade neste caso.
3. Precisa do suporte de TI na elaboração do mecanismo que irá enviar o termo de consentimento para todas as clientes, registrando os aceites para providenciar o descarte de quem não consentiu.

Uma vez tendo avaliado cada uma das áreas de negócios, identificado aquelas que coletam ou processam informações e implementado os ajustes necessários para a respectiva conformidade, teremos um ambiente que passará a ser "monitorado" em relação aos requisitos da LGPD.

Lembrando que cada gestor deverá ser orientado em sua função, que continuará sendo exercida da mesma forma de sempre, mas com a adição de uma atenção a mais na sua rotina de coletar e registrar informações de pessoas.

É importante repetir que a LGPD não proíbe nada, **desde que** haja uma base (finalidade) legal (como emissão de uma nota fiscal) ou que o titular consinta no uso de suas informações (para atender ao interesse da empresa, como no exemplo anterior).

As áreas não vão "trabalhar mais", mas vão trabalhar de forma específica.

CAPÍTULO 6

NÃO SE PREOCUPE COM GDPR/LGPD

Afinal de contas, é apenas mais uma dessas leis que provavelmente "não vai pegar".

Lembra-se do e-Social? Até hoje está sendo "empurrado com a barriga"! Quem correu e se mexeu para estar adequado lá no começo está se sentindo feito de bobo, se comparado com quem ainda não está adequado.

Essas novas Leis de privacidade não inventaram nada novo, além do fato de exigirem que as organizações que sofram um vazamento de informações façam divulgação do fato. E também tem a multa de R$ 50 milhões ou de 2% do faturamento anual. Existe, ainda, a questão das bases legais, da finalidade para coleta de informações pessoais, dos dados sensíveis...

Sinceramente, duvido que alguém vá pagar isso. No máximo, pagará uns R$ 2 milhões (que foi o valor cobrado de uma empresa que vendia material esportivo pela Internet).

Para complicar a situação, fica essa disputa entre advogados e profissionais de TI, cada um dando explicação de como adequar a empresa aos requisitos das Leis, sem levar em conta que são as áreas de negócios (marketing, compras, RH etc.) que realmente coletam os dados e informações sujeitos às normas.

Aliás, o pessoal de TI ficou muito feliz porque a parte que trata da gestão de riscos de segurança de informação aborda 8 (oito!) itens da Norma ISO 27002. Trata-se de algo que eles sempre pediram no orçamento, mas que nunca foi aprovado.

Contudo, quem vai se incomodar com isso, não é mesmo? Afinal de contas, só mesmo empresas com preocupação em governança e *compliance* é que realmente vão se preocupar com essa conformidade. Certo?

Empresas de médio e pequeno porte são "invisíveis" à fiscalização, que, aliás, nem deve acontecer, pois no Brasil existem 20 milhões de empresas, das quais 16 milhões se enquadram entre médias e pequenas. Não tem como fiscalizar!

Além disso, se meu concorrente resolver denunciar um vazamento que sofri ou que continuo praticando a coleta e o enriquecimento de base de dados para fins comerciais, vou me defender, dizendo que foi desvio da função do funcionário encarregado.

Na pior das hipóteses, eu posso perder alguns clientes que vão exigir que eu esteja em conformidade com as Leis, pois eles negociam com empresas europeias, que exigem a adequação de fornecedores e, claro, dos respectivos fornecedores dos fornecedores.

Se a coisa apertar, eu ainda posso colocar um dos meus funcionários para fazer um desses cursos *on-line* oferecendo capacitação para DPO (*data privacy officer* – encarregado de dados) ou mesmo fazer uma prova de certificação na Lei (que eu ainda não sei se vai servir, já que conhecer a Lei não vai ensinar como executar tudo que ela exige, como os itens que fazem parte das ISO 22300, 27002 e 31000).

Para tudo há um jeito de resolver.

Só não há solução mesmo para a morte.

FASE 6 DO PROJETO
Gerenciamento de um programa de conscientização e treinamento

Eu costumo brincar durante minhas aulas, perguntando às mulheres se sabem o que é uma "serra de copo" (um acessório para furadeiras, para fazer furo circular, que parece um pequeno copo). A maioria desconhece por motivos óbvios: não faz parte da rotina da maioria delas (e de muitos homens, também).

De forma análoga, vemos que, em se tratando de privacidade, o assunto é desconhecido, geralmente havendo confusão com confidencialidade.

Via de regra, meus projetos começam com uma apresentação de conceitos básicos e metodologia para a alta gestão. Convencendo o *board* de que a implementação da LGPD vai agregar valor, como diferencial competitivo, já tenho meio caminho andado para o sucesso do meu projeto.

Ao longo do projeto, cada entrevista é uma apresentação pessoal para cada gestor. Já tentei ganhar tempo enviando meu questionário por *e-mail* ou colocando todo mundo em um auditório: em ambos os casos, perco qualidade de informação e corro o risco de preencherem sem comprometimento...

Quando envio meu questionário por *e-mail*, geralmente deixam para responder no último dia do prazo concedido, em geral, voltando do almoço, para "ganhar tempo", costumam dizer. E se eu coloco todo mundo junto, ocorre um problema de "timidez", ficam com medo de fazer qualquer pergunta e se sentirem "expostos" com uma pergunta que pode parecer simples (mas geralmente não é!).

Então, a melhor coisa a fazer é preparar as pessoas para o que virá. Explicar que nada é proibido, "desde que" tenhamos atenção ao fato da LGPD impor certas condições.

Todavia, por favor, atenção: privacidade é um estado obtido com a implementação de mecanismos de segurança de informação, das quais a mais básica e importante é a política de segurança. Sem ela, todo o resto fica sem um apoio que sustente as outras atividades de adequação.

E nisso reside o fator crítico de sucesso na implementação, pois em 70% a 80% das empresas que visito, todas possuem uma política de segurança cujos funcionários desconhecem o conteúdo. São documentos para "auditoria", mas sem cumprir a função para a qual foram definidos: conscientizar o usuário do uso dos ativos de tecnologia da informação e comunicação (TIC) da empresa, fundamental para garantir a eficiência e eficácia de todos os outros recursos de SI implementados.

Por exemplo: não adianta o melhor antivírus do mundo se o funcionário encontra um *pen drive* e o conecta à sua estação de trabalho ou *notebook*. Tampouco o *firewall* vai trabalhar direito, se alguém resolve abrir um *e-mail* contendo uma "oferta imperdível" mascarando um malware ("*software* malicioso").

Dessa forma, a política de segurança de informação (PSI) mostra sua utilidade, por meio da orientação, exposição e divulgação de boas práticas ("o que não é proibido, é permitido"). Sem isso, teremos uma enorme brecha de segurança porque achamos que ter o documento publicado seria suficiente para estarmos protegidos.

CAPÍTULO 7

A LGPD DA QUAL NINGUÉM FALA

Pelo menos, até agora, não vi ninguém fora do jurídico e da TI contar...

Desde sua aprovação, a LGPD tem provocado na maioria das empresas a mesma reação de um paciente que acabou de receber o diagnóstico de uma doença terminal: nega sua existência, repetindo várias vezes que vai esperar ver se a Lei "pega".

Outras, mais realistas ou que atuam em mercados mais regulados, como bancos e financeiras, começam a se mexer, cobrando informações mais concretas de seu jurídico (afinal, é uma Lei!) ou de sua área de tecnologia da informação (privacidade não é assunto de segurança?).

E, a partir desse ponto, começa a confusão, com organizações criando comitês para cuidar do assunto como se fossem "tratar da doença".

Sem um ponto focal, sem um responsável capaz de integrar informações e conectar as diversas áreas envolvidas no processo de adequação aos requisitos da Lei, a empresa comete dois erros de julgamento: primeiro, achando que realmente está tratando do assunto quando apenas criou um núcleo de discussão com uma função, sem responsabilidade ou autonomia. Segundo, perdendo um tempo precioso, achando que um comitê será mais rápido que uma pessoa, que a própria Lei exige que seja definida.

O estudo da Teoria das Decisões nos diz que, quando tomamos uma decisão errada, a probabilidade das seguintes serem erradas é maior.

E, nesse caso, a tendência se confirma.

Ao confundir o conceito de privacidade com confidencialidade, as empresas têm delegado a missão de conduzir esse assunto às áreas de tecnologia e jurídico, com algumas exceções para *compliance*, quando existe.

Mesmo assim, *compliance* nunca foi criada para assuntos de privacidade!

Porém, privacidade não é o mesmo que confidencialidade, uma das vertentes de SI (segurança de informação), que também visa à integridade e disponibilidade da informação.

E esse equívoco é fator crítico de insucesso.

Se você foi encarregado da missão de avaliar a implementação da LGPD na sua organização e não sabe por onde começar, primeiro se familiarize com os conceitos dos papéis (encarregado de dados, controlador de dados, processador de dados e titular dos dados).

Depois, pergunte-se: qual é (ou quais são) a(s) área(s) que **realmente** utiliza(m) dados e informações?

Dependendo do ramo em que sua organização atue, essa resposta vai variar. Porém, o que nunca vai mudar é o fato de que a área de TI e o jurídico raramente serão os proprietários dessas informações (a não ser que sua empresa seja uma empresa desses ramos).

Por isso, é fundamental que as áreas de negócios que **capturam** essas informações sejam envolvidas.

Do contrário, seu projeto provavelmente não vai terminar até agosto de 2020, quando a Lei começará a ser exigida das empresas.

Em tempo: se nesse intervalo a sua empresa sofrer um vazamento ou um incidente que exponha informações privadas sob sua responsabilidade, lembre-se de que o tamanho da multa vai depender das evidências criadas para mostrar ao Ministério Público (e posteriormente ao órgão fiscalizador, quando for criado) que o fato não foi fruto de negligência ou incompetência.

Todavia, a multa é certa, bem como a responsabilização pessoal da alta gestão.

 FASE 7 DO PROJETO
Gerenciamento de riscos de segurança de informação

O termo "proteção de dados" na LGPD tem um significado importante, pois vincula a privacidade como consequência de uma estrutura de segurança de informações, derivada da ISO 27001, do ITIL e do COBITI, que são padrões de boas práticas em tecnologia e segurança de informação.

Se, por um lado, essa característica oferece credibilidade aos requisitos das Leis de privacidade, tanto do GDPR europeu quanto da LGPD brasileira, por outro, é algo totalmente novo para a grande maioria dos advogados, que pensava se tratar de "coisa da LGPD", encarando como assuntos que deveriam ser tratados com cautela por serem "novidade".

Então, para esclarecer a questão, encontramos oito itens da Norma ISO 27001 no escopo do GDPR e consequentemente da LGPD:

1. Política de segurança.
2. Classificação de informação.
3. Controle de acesso.
4. Gestão formal de *backup*.
5. Plano de Continuidade de Negócios (PCN).
6. Plano de resposta a incidentes.
7. Criptografia.
8. Teste de invasão (Pentest).

O conjunto desses itens irá compor o ambiente de segurança exigido pelas Leis de Privacidade, indicado pelo termo "Proteção de Dados" na sigla LGPD.

1. **Política de segurança** é o conjunto de diretrizes, normas e procedimentos necessários para proteger o ambiente de tecnologia de informação e comunicações. As diretrizes são genéricas (por exemplo, todo novo colaborador receberá um *e-mail* da empresa, contendo seu *login* e senha, para acesso corporativo). As normas explicam como a diretriz é aplicável (por exemplo, o *e-mail* corporativo deverá ser utilizado para tratamento de assuntos relacionados às atividades do funcionário na empresa), e os procedimentos são específicos para cada usuário que precise atuar, a fim de tornar as diretrizes e normas válidas (por exemplo, o RH irá enviar comunicado para a TI, indicando o nome do funcionário contratado e seu *login*, para criação do seu *e-mail* corporativo e registro de usuário na rede corporativa).

2. **Classificação da informação** é o critério para podermos aplicar níveis de proteção diferenciados à informação. Basicamente existem: a informação pública, de conhecimento geral e que não exige qualquer proteção ou, por Lei, deve ser divulgada (por exemplo, resultado de licitações); a informação restrita, aquela que geralmente possui limite de circulação (por exemplo, entre empresas do mesmo grupo, entre áreas da mesma empresa ou entre pessoas do mesmo setor), pois sua divulgação pode acarretar perdas ou prejuízo à empresa (como divulgação, por um banco, do saldo em conta corrente de clientes) e, finalmente, a informação confidencial, aquela que possui grande potencial de perda ou dano reputacional à empresa, caso seja divulgada (por exemplo, os planos de ação de um planejamento estratégico).

   A LGPD ainda nos traz duas classes distintas de informação, voltadas para os titulares de dados: a informação privada e a informação sensível.

   De acordo com a Lei, informação privada é toda aquela que permite identificar o seu titular, nisso se incluindo número de celular, placa de automóvel e qualquer outra informação que leve à identidade do seu usuário.

Informação sensível é o conjunto de informações privadas, com características especiais, tais como dados de saúde, de menores de 18 anos, gênero ou preferência sexual, geolocalização, origem racial ou étnica, convicção religiosa, opinião política, filiação a sindicato ou organização religiosa, dado genético ou biométrico, quando vinculado à pessoa natural.

3. **Controle de acesso** é um dos pilares da segurança. Se você não controla quem acessa o quê, não pode garantir a segurança de nada.

Inicialmente é necessário entender que um processo de controle de acesso robusto é composto por estes três itens, exatamente nesta sequência:

- **Identificação:** método para prover um usuário (quem solicita o acesso) com uma identidade reconhecível (*login*, CPF, RG, apelido, outros).
- **Autenticação:** método que garanta que o usuário é quem está se apresentando (senha, *token*, impressão digital, outros).
- **Autorização:** métodos para definir o limite das ações (inclusão, alteração, exclusão, consulta) que um usuário pode realizar em um ativo (seja uma sala, um programa ou uma rede corporativa), por meio de critérios predefinidos (lista de permissões do sujeito e lista de permissões do objeto).

Com relação aos métodos de autenticação, os seguintes conceitos (ou fatores) podem ser usados, separadamente ou em combinação:

- **Algo que o sujeito sabe:** senhas e PINs. Esse é o menos oneroso para se implementar, e o menos seguro.
- **Algo que o sujeito possui:** *smart cards*, *tokens*, chaves etc. Caro, mas seguro.
- **Algo que um sujeito é:** padrões de voz, retina, impressão digital etc. Este é o método mais oneroso de se implementar, porém o mais seguro.

Assim, quando se fala de autenticação por dois fatores, estamos nos referindo a usar pelo menos dois destes três conceitos simultaneamente, para assegurar que um usuário é quem diz ser.

4. **Gestão formal de** *backup* é algo que todo mundo conhece, a maioria faz e quase ninguém formaliza em documentos. Genericamente falando, é a cópia dos dados que utilizamos para executar nossas atividades de negócios, para restaurar e voltar a trabalhar caso ocorra algum incidente que nos impeça de acessá-los.

   Entretanto, cabe ressalvar que a maioria dos problemas de *backup* não ocorre quando copiamos os dados e informações, mas quando precisamos restaurá-los, ocorrendo falha ou corrupção de arquivos, que nos impedem o acesso e a consequente utilização.

   O termo "gestão formal" significa que eu devo ter um documento (pode ser físico ou eletrônico), contendo o nome das pessoas responsáveis pelas atividades, indicando o funcionário e seu substituto imediato, seus telefones e *e-mails* para contato a qualquer momento e os **procedimentos** necessários tanto para *backup* quanto para o *restore* (ou recuperação dos dados).

5. **Plano de Continuidade de Negócios (PCN)** é um dos temas mais controversos da gestão de segurança de informação: apesar de ser exigência de várias entidades normativas (BACEN e SUSEP, para falar das mais significativas, no Brasil), é o mais renegado, basicamente por duas razões: é caro e dá trabalho. Muito trabalho.

   O PCN é composto por três planos distintos (não existe um documento chamado PCN): o Plano de Recuperação de Desastres (PRD), o Plano de Contingência Operacional (PCO) – que alguns chamam de Continuidade Operacional – e o Plano de Gestão de Crises (PGC) – que também é denominado Plano de Comunicação.

   Note que o PRD e o PCO também são itens da Norma ISO 27001, apesar de não serem exigidos pela LGPD (entendo que estejam subentendidos pela exigência do PCN).

   O PRD é uma "receita de bolo", na qual são descritos os procedimentos de substituição ou recuperação de um ativo de TIC ou infraestrutura. Marca, modelo, configuração, capacidade são alguns dos itens abordados neste documento, assim como os procedimentos necessários para colocar esse ativo em "produção" (de volta ao funcionamento).

O PCO é dividido em duas vertentes: inicialmente criado para descrever uma forma alternativa de trabalhar, quando da indisponibilidade de algum item que o negócio utiliza para trabalhar (por exemplo, um SAC que passa a preencher manualmente um formulário de atendimento, enquanto o aplicativo que normalmente a empresa utiliza está "fora do ar"), ou no caso de um ativo deixar de funcionar e utilizar outro compatível ou semelhante (por exemplo, um roteador da área de cadastro para e pega-se outro emprestado, da área de estoque, temporariamente).

E finalmente o PGC ou PCom nada mais é que uma lista de áreas, pessoas e/ou entidades que deverão ser notificadas da ocorrência de um incidente que afeta parte ou toda a organização, interrompendo suas atividades de negócios, exigindo o acionamento do PCN.

A metodologia exige ainda a aplicação de uma ferramenta denominada BIA (Business Impact Analysis), uma classificação da criticidade do processo de negócio (e de seus respectivos recursos utilizados) comparando prováveis perdas e prejuízos decorrentes da sua interrupção a partir de um determinado tempo de tolerância. Porém, nem sempre é feito porque dá trabalho. Muito trabalho!

6. **Plano de resposta a incidentes** é muito semelhante ao PGC ou PCom no PCN, mas tem um viés específico em relação ao vazamento de dados em si e não especificamente ao incidente de segurança de informação que o causou. Para isso, a área de TI deve ter seu próprio procedimento documentado e testado. Inicialmente, pela LGPD, a empresa que sofrer vazamento de dados privados é obrigada a comunicar ao órgão encarregado, notificando o incidente.

A princípio, quem deve fazer isso é o encarregado de dados, com o máximo de informações que puder coletar sobre o evento.

Em segundo lugar, a organização deve ter como objetivo a redução do impacto reputacional e de imagem, para minimizar as prováveis perdas decorrentes da divulgação do incidente.

E por último, mas nem por isso menos importante, o fornecimento de informações que reflitam a realidade, não dando margem a especulações ou fofocas, que poderiam afetar negativamente com muito mais impacto do que a divulgação dos fatos.

7. **Criptografia** é um mecanismo de proteção de dados baseado na aplicação de algoritmos matemáticos que codificam dados, de forma que apenas o(s) real(is) destinatário(s) possam acessar.

   A criptografia reforça a segurança de uma mensagem ou arquivo, embaralhando o conteúdo por meio do uso de uma "chave" para decodificá-la. É o modo mais eficaz para ocultar comunicações por meio de informações em código, em que o remetente e o destinatário têm a chave para embaralhar e decifrar os dados. O conceito não é diferente de crianças que inventam palavras de código secreto e outras maneiras discretas para se comunicar, pelas quais só elas são capazes de entender a mensagem. Criptografia é como enviar mensagens secretas entre grupos – se alguém tentar acessar as mensagens sem as chaves certas, não conseguirá entender a mensagem.

   Em algumas situações, a criptografia é uma excelente estratégia para garantir que os dados armazenados só poderão ser lidos pelas pessoas certas.

8. **Teste de invasão (Pentest)** é uma técnica para verificar as falhas de segurança de sistemas no ambiente tecnológico corporativo.

   Um famoso *hacker*, Kevin Mitnick, disse uma vez: "Eu sou contratado por companhias para invadir seus sistemas e entrar em suas instalações físicas para encontrar falhas de segurança. Nossa taxa de sucesso é de 100%; nós sempre encontramos uma falha".

   Assim, se você sabe quais são as suas vulnerabilidades antes que seus atacantes saibam, estará mais protegido.

Análise de vulnerabilidade *vs.* teste de invasão

Quando realizamos uma análise de vulnerabilidade em sistemas de informação, identificamos todas as vulnerabilidades técnicas relacionadas a eles (injeção de SQL, XSS, CSRF, senhas fracas etc.). Todavia, para fazer essa exploração, é preciso realizar um teste de invasão.

Imagine que nosso ambiente possua uma vulnerabilidade à injeção de SQL (método para realizar operações em uma base de dados). A análise de vulnerabilidade vai identificar essa fraqueza, que poderá ser explorada pelo teste de invasão, mostrando como alguém poderia acessar o sistema e ter acesso até mesmo para modificar ou excluir informações confidenciais (informação na base de dados sobre clientes, provedores etc.).

Contudo, de acordo com o **controle A.12.6.1** do Anexo A da **ISO 27001:2013**, e conforme preconizado pelo GDPR e pela LGPD, é necessário prevenir a exploração de vulnerabilidades técnicas. Como fazer isso? Com a análise de vulnerabilidade ou com o teste de invasão?

Para a prevenção da exploração da vulnerabilidade relacionada ao sistema, é preciso realizar o teste de invasão? A resposta é "não necessariamente" porque, após a análise de vulnerabilidade, sabemos que o sistema é vulnerável e, ao repará-lo, podemos evitar a vulnerabilidade de injeção de SQL. Assim, a próxima etapa, explorá-la, não é necessária.

Se você quer estar em conformidade com a ISO 27001:2013, pode realizar apenas a **análise de vulnerabilidade**, embora o teste de invasão seja uma boa prática e altamente recomendada se você quer saber quão vulneráveis seus sistemas são (em nosso exemplo, queremos saber quais informações poderiam ser vistas por uma pessoa não autorizada).

CAPÍTULO 8

O QUE OS ADVOGADOS NÃO SABEM SOBRE GDPR/LGPD?

Recentemente li um *post* de uma famosa advogada a respeito de sua dúvida pessoal sobre o sucesso da criação da Autoridade Nacional de Proteção de Dados (ANPD).

No *post*, havia vários comentários, todos de advogados, levantando questões sobre "aplicabilidade" e "necessidade de um período de testes". Acredito que a pessoa não tenha conhecimento de ISO 27001, ITIL ou COBIT para achar que ainda são necessários testes para garantir que boas práticas funcionem, como se a própria Lei já não possuísse elementos suficientes para subisidiar a atuação de uma entidade.

O que talvez esses profissionais não saibam, porque não é parte de sua formação, é o fato de que a Lei não exige tecnicamente **nada** que já não fossem padrões e boas práticas recomendadas.

Ou seja: não há que "testar" nada que já não é efetivamente reconhecido como ações necessárias para uma boa govenança de TI, que infelizmente não é posto em prática porque, na maioria das vezes, a alta gestão das empresas reconhece que o assunto é importante, petinente, mas não prioritário. Seja porque exige investimento de tempo e dinheiro para ser implementado, seja porque vai reduzir o resultado na distribuição dos lucros.

A verdade é que tanto o GDPR quanto a LGPD facilitam grandes realizações profissionais daqueles que exercem a função de proteger a segurança da informação e que, ao longo do tempo, têm seus orçamentos minguados por conta da crise ou de outras justificativas que os impedem de atingir o nível mínimo necessário para serem considerados bons profissionais.

Se alguém me perguntar de onde tiro essa ideia, explico que é fruto de quase dez anos atuando como professor na cadeira de Continuidade de Negócios do curso de pós-graduação em Segurança de Informação da Universidade Federal do Rio de Janeiro (UFRJ), ouvindo alunos que atuam nessa área e replicam as mesmas queixas e comentários sobre as empresas onde trabalham.

Como já escrevi em muitos artigos, a conformidade das empresas a essas Leis de proteção à privacidade exige o envolvimento de três personagens, distribuídos da seguinte forma: 20% do jurídico, 30% da área de TI/SI e 50% das áreas de negócios, efetivamente "donas" dos dados e informações dos quais a empresa agora é "fiel depositária".

Não se iludam: tentar trazer o assunto para uma ou outra vertente, exclusivamente, vai levar a problemas quando o prazo estiver se esgotando, e certamente vai criar um risco de achar que estarão preparados, quando não estarão.

Recentemente tive uma conversa com o diretor de uma grande empresa de consultoria que publicou anúncio de vagas para consultores de privacidade e continuidade de negócios para projetos em todo o país. Ele disse ter recebido 50 currículos, dos quais 20 eram de advogados, que ele preferiu descartar, tanto pela falta de experiência em projetos, quanto pelo limite de conhecimento. Dos outros 30, ele só selecionou cinco currículos que ainda vão para análise do RH.

Nenhum dos candidatos selecionados possuía Certificação de DPO.

FASE 8 DO PROJETO
Gerenciamento de riscos de terceiros

Quando se fala em "terceiros", o universo é amplo, e, no contexto da LGPD, precisamos especificar a quem devemos efetivamente dedicar atenção no que tange à privacidade de dados para evitar a armadilha de assumir a gestão de fornecedores como se todos tivessem acesso a dados privados ou pior: que pudéssemos interferir em seus processos internos.

Tenho implementado processo de análise de conformidade em várias empresas e notadamente surgem os seguintes terceiros, nos quais devemos prestar atenção, independentemente da importância:

- Clínicas que prestam serviço de exame admissional.
- Empresas de contabilidade que processam a folha de pagamento.
- Planos de saúde oferecidos aos funcionários e dependentes.
- Seguros de vida para funcionários.
- Empresas com serviço de "portal" (*Customer Relationship Management* – CRM, *Enterprise Resource Planning* – ERP, outros).
- *Datacenters*.
- Serviços de *cloud*.

Em todas essas situações, a empresa controladora dos dados compartilha dados privados que foram coletados e que serão processados em algum momento.

Como é sabido, a responsabilidade pelo vazamento de informações entre empresas controladora e processadora é solidária, nos levando a olhar com atenção as questões do nível de segurança praticada pelos terceiros com quem temos relacionamento.

A preocupação inicial deve recair sobre questões formais, por meio da emissão de comunicado formal da empresa controladora (por *e-mail* ou correspondência registrada), solicitando informações sobre a situação atual da empresa processadora em relação à sua conformidade na LGPD.

A segunda etapa vai depender da estratégia e do interesse da empresa controladora em atender aos requisitos de conformidade, pois ela pode disponibilizar o *framework* que está implementando para obter com o terceiro o mesmo padrão de segurança (e consequente privacidade) ou simplesmente dar um prazo para conformidade à LGPD.

Aí reside o maior problema das empresas que estão "esperando ver se a Lei vai pegar", ou mais recentemente, "se o Projeto de Lei que prorroga a vacância será aprovado": enquanto algumas empresas esperam, outras estão se adequando e, quando terminarem, só poderão contratar fornecedores e prestadores de serviços que estejam em conformidade com a LGPD, sob risco de entrarem em não conformidade, caso mantenham seus contratos.

Se o seu cliente estiver em conformidade e você estiver esperando para começar a se adequar, existe a possibilidade de um concorrente seu que já tenha se adequado à Lei assumir seu lugar.

Lembre que a LGPD também exige que o nível de proteção dos processadores contratados deve ser o mesmo praticado pela empresa controladora.

CAPÍTULO 9

CHECKLIST DE CONFORMIDADE À LGPD

Sempre digo isso aos meus alunos: "fazer difícil é fácil. Difícil é fazer fácil".

Por isso, estou apresentando um *checklist* para você verificar se sua organização atende aos requisitos da LGPD e do GDPR.

O princípio da responsabilidade é fundamental para o atendimento aos requisitos da LGPD e do GDPR: organizações que processam dados pessoais devem não só cumprir, mas também ser capazes de demonstrar o seu cumprimento com os requisitos destas ordenações.

Dever ser e parecer ser.

A lista a seguir indica oito itens essenciais que devem existir para garantir que você demonstre conformidade da sua organização com as exigências da LGPD e do GDPR.

1. Estabelecer uma estrutura de prestação de contas e governança

A conformidade com a LGPD e o GDPR exige o suporte da alta gestão. Portanto, é essencial que a diretoria entenda as implicações da Lei – tanto positivas quanto negativas – para garantir os recursos necessários a fim de alcançar e manter a conformidade.

O que você precisa fazer:

- Apresentar à alta gestão os riscos e oportunidades da LGPD e do GDPR.
- Obter suporte de gerenciamento para um projeto de conformidade com a LGPD e o GDPR.
- Atribuir a responsabilidade pela LGPD e pelo GDPR a uma pessoa da diretoria.
- Incorporar o risco de proteção de dados na estrutura de gerenciamento de riscos corporativos e controles internos.

2. Escopo e planejamento do projeto

Depois de obter suporte de nível superior, você precisará descobrir quais áreas de sua organização se enquadram no escopo da LGPD e do GDPR e considerar quais processos existentes podem ser afetados, auxiliando em seus esforços de conformidade.

O que você precisa fazer:

- Nomear e capacitar um gerente de projeto e indicar/nomear um encarregado de dados ou oficial de proteção de dados (DPO), se necessário.
- Identificar quais entidades estarão no escopo: unidades de negócios, filiais, terceirizados, localidades etc.
- Identificar padrões ou sistemas de gerenciamento que possam fornecer uma estrutura para conformidade. Por exemplo: a ISO 27001 demonstra atendimento às melhores práticas de gerenciamento de segurança da informação e proteção de dados.
- Avaliar o princípio da proteção de dados incorporado e, por padrão, em relação a processos e sistemas atuais ou novos.

- Considerar as implicações de regras e leis anteriores à LGPD e ao GDPR no seu planejamento.

3. Realizar um inventário de dados e uma auditoria de fluxo de dados

É impossível cumprir os requisitos de processamento de dados da LGPD e do GDPR se você não entender completamente quais dados processa e como você os processa.

O que você precisa fazer:

- Avaliar as categorias de dados mantidos, a origem e a base legal para o processamento.
- Mapear os fluxos de dados de, para, através e da própria organização.
- Usar o mapa de dados para identificar os riscos em suas atividades de processamento de dados, indicando se uma análise de impacto na proteção de dados (DPIA) é necessária.
- Criar a documentação do artigo 30 – o registro de atividades de processamento de dados pessoais –, com base na auditoria do fluxo de dados e da análise do inventário.

4. Realizar uma análise detalhada de brechas

A abordagem sensata da conformidade estabelece o que você ainda não faz – avaliar seus fluxos de trabalho, processos e procedimentos atuais – para identificar as lacunas que precisa preencher.

O que você precisa fazer:

- Auditar sua posição de conformidade atual em relação aos requisitos da LGPD e do GDPR.
- Identificar as lacunas de conformidade que podem ser eliminadas com recursos próprios.
- Identificar as lacunas de conformidade que só podem ser eliminadas com auxílio de recursos externos.

5. Desenvolver políticas, procedimentos e processos operacionais

Por meio de uma avaliação de suas práticas de gerenciamento de privacidade e processamento de dados, obter um relatório resumido das suas lacunas de conformidade com recomendações de correção.

O que você precisa fazer:

- Garantir que as políticas de proteção de dados, segurança de informação, código de conduta/ética e os avisos de privacidade estejam alinhados com LGPD/GDPR.
- Sempre que precisar de consentimento, assegurar que atenda aos requisitos da LGPD e do GDPR.
- Revisar os contratos de funcionários, clientes e fornecedores, atualizando-os se necessário.
- Planejar como reconhecer e lidar com as solicitações de acesso de sujeitos dos dados, fornecendo respostas no prazo estipulado.
- Ter um processo para determinar se é necessária a análise de impacto de privacidade.
- Analisar se os mecanismos para transferências externas de dados são compatíveis com a proteção interna.

6. Proteger os dados pessoais por meio de medidas processuais e técnicas

A LGPD e o GDPR exigem que as organizações implementem "medidas técnicas e organizacionais apropriadas" para garantir que os dados pessoais sejam processados apropriadamente.

O que você precisa fazer:

- Ter uma política de segurança da informação em vigor, compartilhada e assimilada pelos colaboradores da organização.
- Ter uma política de privacidade em vigor, compartilhada e assimilada pelos colaboradores da organização.
- Praticar controles técnicos básicos, como os especificados por estruturas estabelecidas como o Cyber Essentials.

- Implementar criptografia e/ou anonimização e/ou pseudonimização nos casos especificados por Lei, quando apropriado.
- Garantir que políticas e procedimentos sejam implementados para detectar, relatar, investigar e responder a violações de dados pessoais.

7. Comunicações

Manter sua conformidade com LGPD/GDPR depende muito de sua equipe entender corretamente o que deve fazer e por quê. Todos os envolvidos no processamento de dados devem ser adequadamente capacitados e treinados para seguir processos e procedimentos definidos.

O que você precisa fazer:

- Estabelecer comunicações internas eficazes com as partes interessadas e a equipe é essencial, uma vez que a conformidade com a LGPD e o GDPR é um projeto de mudança de negócios.
- Proporcionar que os funcionários entendam a importância da proteção de dados e sejam treinados nos princípios básicos de LGPD/GDPR e nos procedimentos que estão sendo implementados para garantir a conformidade.

8. Monitorar e auditar a conformidade

A conformidade com a LGPD e o GDPR é um projeto dinâmico – realizando uma jornada em vez de buscar um destino. Você deve executar auditorias internas periódicas e atualizar seus processos de proteção de dados, incluindo a verificação de seus registros de atividades de processamento (logs), mecanismos de consentimento, testes de controles de segurança de informações e a realização de Análises de Impacto na Privacidade (PIAs).

O que você precisa fazer:

- Agendar auditorias regulares de atividades de processamento de dados e controles de segurança.
- Manter registros do processamento de dados pessoais atualizados.
- Empreender DPIAs e PIAs quando necessário (é um equívoco achar que todos os processos exigem).

Observação: esse *checklist* é extremamente simplificado, com a finalidade de apresentar a variedade de pontos que devem ser observados na implementação de conformidade. Durante um projeto, esses pontos chegam a 150 itens, de acordo com a maturidade do ambiente da empresa.

FASE 9 DO PROJETO
Gerenciamento de alertas

Durante a coleta de dados, é possível que haja exposição de informações privadas que podem ser copiadas ou fotografadas. Casos comuns ocorrem durante uma campanha de novos clientes para cartões de crédito, normalmente realizada em portas de supermercados ou *shoppings*.

Durante a coleta de dados, especialmente se for realizada em papel, a guarda de fichas cadastrais preenchidas deverá ter sua atenção redobrada, uma vez que a simples exposição de dados de titulares será considerada vazamento.

Outro exemplo comum ocorre quando vamos a um hospital ou clínica e prestamos as informações necessárias para sermos atendidos. No momento em que a atendente clica no botão para impressão, ela se levanta e deixa nossos dados expostos na tela do PC.

Em ambas as ocasiões, é necessário criar um "alerta" para quem está procendendo a coleta, a fim de que não se distraia no processo e eventualmente exponha de forma descuidada os dados da pessoa que está atendendo.

No papel, pode ser uma tarja vermelha, indicando que aquele documento deve ser armazenado com cuidado; no meio eletrônico, pode surgir um aviso, pedindo que se bloqueie a tela antes de se levantar para buscar a ficha impressa.

Eventualmente a sua empresa possui um processo de coleta que irá demandar uma atenção específica durante o atendimento ao titular dos dados.

O importante é saber que existem momentos em que o funcionário está concentrado na atividade e pode não perceber que está expondo informações de quem está atendendo, sendo necessário criar um "lembrete" para esse momento, a fim de minimizar o risco de uma penalidade.

Note que esse alerta pode estar direcionado para a coleta ou para o pedido de consentimento, dependendo da situação.

O importante é que essa ação minimiza riscos e, em conjunto com treinamento e capacitação, reduz as vulnerabilidades comuns nesses momentos.

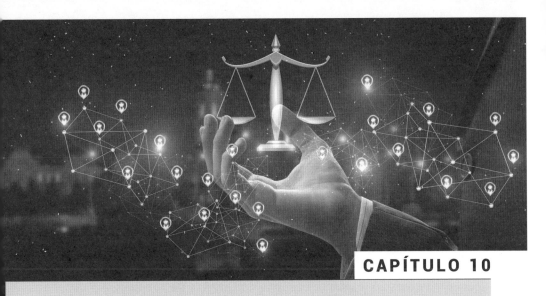

CAPÍTULO 10

A ADEQUAÇÃO DA LGPD NAS EMPRESAS

Tenho estudado o GDPR desde 2017. Acompanhei a discussão, a aprovação, a publicação e a evolução nos últimos meses antes de sua publicação, em maio de 2018. Vi a iniciativa de trazer a Lei para o Brasil e as adaptações necessárias para permitir que um **regulamento** fosse respeitado.

Como já citei no Capítulo 4, existe uma grande polarização sobre a LGPD/GDPR, oscilando entre o Jurídico e a TI/SI, omitindo-se a importância do ajuste de procedimentos e processos de Negócios.

Há inúmeros comentários de especialistas de TI e SI defendendo que a privacidade está relacionada com sistemas, aplicativos e configurações, enquanto advogados ficam discutindo artigos e parágrafos sobre responsabilidades, atribuições do Ministério Público (MP) e da Autoridade Nacional de Proteção de Dados (ANPD), criada no papel, mas que ainda não existe na prática.

Na prática, quem vai efetivamente fiscalizar as empresas é o próprio mercado, que vai exigir cada vez mais que seus fornecedores estejam adequados para não caírem em "não conformidade" e em denúncias de clientes que se sintam prejudicados de alguma forma.

O Ministério Público do Distrito Federal (MPDF) penaliza as empresas, mas quando a ANPD entrar em ação, ela deverá assumir esse papel. Todavia, o que deveria nos interessar é como colocar uma empresa em conformidade, e não quem está com a razão. "A razão é um vaso de duas alças", dizia meu pai.

O que tem sido dito e divulgado é um conjunto de pontas desconexas de partes que pessoas entendem, mas que não conseguem enxergar o todo (há exceções, claro, mas são raras). Esquecem que o GDPR utilizou referências conhecidas e consolidadas em boas práticas, como o ITIL, o COBIT e a ISO 27000, apenas citando as mais conhecidas.

A LGPD é verdadeiramente baseada no GDPR, e seu objetivo é o mesmo, apesar das mudanças que foram requeridas para ser aprovada no Brasil como Lei, já que o ordenamento jurídico brasileiro não reconheceria um regulamento.

Vemos artigos e postagens de conhecidos advogados, famosos por suas carreiras no ambiente de TI e Ciber, discursando sobre as vantagens de conformidade e *compliance* quanto aos requisitos da Lei, mas na prática oferecem serviços de análise baseada nos artigos da Lei, sem enxergar a parte técnica, limitando-se à revisão de contratos e pareceres jurídicos – algo muito aquém das necessidades de adequação para uma organização.

Não se enganem: advogados não vão realizar um Pentest ou inventário de banco de dados necessários para gerenciamento de riscos dos ativos de TI. Assim como técnicos não vão revisar um contrato de fornecimento de produto ou elaborar um termo de consentimento.

Por outro lado, até a Microsoft está anunciando que o Pacote Office 360 é "uma poderosa ferramenta de adequação a GDPR e LGPD, porque permite agilizar inventário e controle dos dados no seu ambiente".

Há empresas oferecendo aplicativos de gestão de *backup*, que diziam que era "continuidade de negócios", e se tornou "um item indispensável na gestão de privacidade".

Cada um vende seu "peixe" da forma como acha que consegue na "moda" da LGPD e do GDPR.

Entretanto, ninguém fala de RH, compras, marketing (que efetivamente são áreas que mais vão sofrer com a questão da privacidade de dados e o uso restrito à sua finalidade) ou vendas, que gerencia o cadastro de seus clientes.

Ninguém lembra que dados e informações de pessoas são coletados pelas áreas de negócios, não sendo objeto das funções de TI (que oferece infraestrutura para os negócios trabalharem) ou do jurídico (que deve aconselhar as áreas de negócios, orientando e indicando a melhor base legal para suas atividades).

Repito: a adequação da LGPD (e consequentemente do GDPR) exige 20% do jurídico, 30% da TI/SI e 50% das áreas de negócios. Todavia, parece que ninguém percebeu isso.

FASE 10 DO PROJETO
Resposta de solicitações e reclamações de terceiros

Uma das novidades das Leis de proteção à privacidade é garantir o direito ao titular dos dados o acesso às suas informações cadastrais, seja para revisar, alterar, atualizar ou solicitar a exclusão da base de dados da organização, **desde que** esta não seja obrigada a mantê-la por obrigação legal.

Por exemplo, as empresas devem manter registros das notas fiscais de venda por até seis anos e o registro de funcionários, mesmo demitidos, enquanto a empresa existir. Em casos como esses, em que uma lei obriga a manutenção de dados cadastrais, a regra de exclusão de informações após a relação contratual não se aplica.

Mesmo que o titular o exija, não será possível, pois há uma força de lei anterior, obrigando a empresa.

O grande problema que existe com essa obrigatoriedade de resposta à consulta do titular é que não há um processo ou procedimento padrão que oriente como o pedido será registrado, quem ou qual área deverá proceder ao levantamento de informações e como a resposta será prestada.

Isso tudo com um agravante: se alguém ligar para a empresa se fazendo passar pelo titular, a resposta poderá conter informações sensíveis ou confidenciais que, se forem informadas a outra pessoa, configurará o vazamento de dados.

Ou seja, não apenas as empresas devem criar um procedimento de atendimento aos pedidos de informações cadastrais dos titulares, como também devem implementar um processo de validação de identidade do solicitante, para não incorrerem em não conformidade e eventual penalidade.

Um bom exemplo de validação de identidade se dá quando a empresa possui em seu cadastro o número de celular do titular, e envia um código por SMS, que deve ser confirmado pelo solicitante, a fim de verificar se a pessoa que está entrando em contato é mesmo quem diz ser.

No GDPR o prazo de resposta para essas solicitações é de 72 horas, mas na LGPD foi descrito um "prazo razoável", que a maioria dos estudiosos das Leis está comparando ao prazo do GDPR.

Não há na LGPD indicação do meio pelo qual a resposta deva ser fornecida. Porém, sugerimos que haja alguma forma de registro, seja pelo envio de *e-mail* ou gravação de atendimento (comum nos SACs) para evitar a ocorrência de reclamações indevidas.

CAPÍTULO 11

CONHEÇO LGPD DESDE CRIANCINHA

Agora que o mercado está se mostrando inquieto porque percebeu que não contemplou nem um real no orçamento de 2019 para a implementação dos requisitos de privacidade (seja do GDPR ou da LGPD), surgem "especialistas" oriundos das mais diversas áreas, oferecendo suporte à conformidade.

Como identificar o profissional que sabe do que está falando, daquele que passou algumas horas decorando textos e artigos pinçados da Internet? Será que o joio e o trigo têm relação com o profissional ou com a empresa onde trabalha? Existe mesmo um produto capaz de resolver a conformidade à LGPD?

Vamos começar repetindo o que eu tenho falado em todas as minhas palestras: LGPD **não é um assunto exclusivamente jurídico ou de tecnologia da informação**. Se alguém lhe disser isso, pergunte **onde** isso foi feito, com 100% de conformidade.

Se quem coleta e utiliza os dados e informações de pessoas físicas são os processos de negócios, onde eles estarão nesse processo de conformidade?

Estão brotando "cursos preparatórios para DPO" da noite para o dia. Mesmo que a LGPD fale em "encarregado de dados" como uma função, várias entidades que nunca antes haviam trabalhado com treinamento passaram a oferecer certificações "profissionais" para pessoas que desejam utilizar isso como prova de capacitação.

Alguém aí já conversou com algum DPO ou encarregado de dados para saber o que eles fazem e como trabalham, para isso ser ensinado em um curso? Algum desses instrutores já foi um DPO? Durante um seminário realizado no IBEF, um profissional de Portugal declarou que "não existe um perfil de DPO: cada empresa possui características específicas nas quais o profissional vai amadurecendo ao longo do seu ciclo de atividades".

Existem entidades que criaram cursos da noite para o dia, de 20 a 40 horas, para ensinar como ser DPO, ou seja: vão preparar o aluno para entender jurídico, tecnologia, segurança de informação e negócios em 5 aulas de 4 horas (ou 5 de 8 horas, de acordo com a quantidade de assuntos que serão apresentados).

Outra coisa importante: a maioria dos cursos aborda o estudo da LGPD em si. Abordam a análise da LGPD, como se isso bastasse para sua implementação. É o mesmo que tentar aprender a dirigir decorando o Código Nacional de Trânsito.

Ao tratarmos de implementação, conhecer a Lei é importante, mas não basta para implementar os controles necessários.

Além disso, há muita oferta de guias de implementação sem sequer considerar a situação atual do ambiente corporativo do cliente. Ou seja: independentemente da maturidade da organização em cada um dos mecanismos de controle ou fases de implementação, basta seguir a "receita do bolo" e seu problema estará resolvido... Ou não! Porque você vai acabar achando que está em conformidade, quando tem uma brecha enorme que pode vir a se tornar uma multa de R$ 2 milhões (valor médio das multas, emitidas pelo MPDF em casos de vazamento), ao sofrer um incidente de vazamento de dados.

Não existe "bala de prata"[1] para a LGPD: tem muito (mas muito, mesmo) trabalho duro pela frente. Tem que haver planejamento, integração entre diversas

---

[1] A expressão "bala de prata" é utilizada como metáfora de uma solução de grande eficiência, resolvendo todos os problemas.

áreas, ajuste de processos de negócios, revisão de contratos e criação de termos de uso, até nos processos de TI, além de alterações em sistemas, aplicativos e ambientes de produção. Criação, ajuste e atualização de políticas, e também treinamento e capacitação dos recursos da própria organização.

A LGPD é uma grande oportunidade profissional para várias funções. Não estamos nos referindo apenas ao DPO ou ao encarregado de dados. Estamos nos referindo a melhorias que já eram conhecidas ao longo do tempo, como boas práticas operacionais, contempladas na ISO 27000, no COBIT e no ITIL, dentre outros, e que sempre foram relegadas como assuntos de "baixa prioridade" pela alta gestão.

Chegou o momento do profissional que deseja "aproveitar a maré" para estudar e se aprofundar no assunto, com a finalidade de estar preparado. Seja ele um advogado, um gestor de sistemas um ou especialista em segurança de informação.

É importante que o mercado perceba que não vão conseguir resolver esse assunto da noite para o dia, mas que devem começar a tomar pé sobre o tema o mais rápido possível, antes que um evento se concretize e acabem sendo pegos de surpresa.

A diferença entre começar essa jornada agora com pequenos passos ou não fazer nada pode se tornar muito maior caso sua empresa venha a sofrer um incidente de informações e o órgão responsável lhe perguntar o que sua organização tem feito para se preparar no momento de calcular o valor da multa.

FASE 11 DO PROJETO
Monitoramento de novas práticas operacionais

Imagine que você é o gerente de projeto para implementação de conformidade à LGPD e que, depois de quatro ou cinco meses, sente que sua tarefa está terminando, dependendo ainda de alguns fornecedores concluírem suas entregas, essencialmente de serviços de segurança de informação, tais como laudo do teste de invasão ou o plano de continuidade de negócios.

Todavia, sem ninguém ter-lhe comunicado nada, você descobre que a empresa criou um novo APP, que envolve fidelização de clientes e alimenta o CRM, que é compartilhado com várias áreas que já estavam em conformidade.

Esse APP coleta informação sem qualquer preocupação com privacidade, além do termo de uso que cita a confidencialidade de dados, o que, aliás, não tem como garantir, porque seu desenvolvimento e sua implementação não observaram os mecanismos de controle que você criou para convergirem nos mecanismos de controle da LGPD!

Na prática, estamos nos referindo a cerca de um a dois meses de trabalho para ajuste de procedimentos, documentos e sistemas, a fim de estarem alinhados com os requisitos do projeto.

Por essa razão, o processo de ajuste da conformidade à LGPD na organização não pode ser circunscrito a uma área: além da famosa frase "é um assunto multidisciplinar" (que muita gente repete, mas não sabe explicar), trata-se também de um assunto holístico, na medida em que envolve processos de negócios que se relacionam entre as áreas da empresa, e muitas vezes além dela, com entidades com as quais não teremos qualquer ingerência.

Um dos fatores críticos de sucesso da implementação é o acompanhamento dinâmico das atividades da empresa por essas áreas, visando identificar novos fatores que devam ser ajustados a essa nova "realidade de privacidade".

Não se pode mais fazer o que quer, nem quando quer, com dados dos clientes. Tampouco com dados de candidatos que em certo processo seletivo para contratação de um gerente acabaram ganhando cartões de crédito da empresa que promovia a seleção.

A verdade é que ainda há muitas brechas e nosso trabalho é minimizar as vulnerabilidades operacionais, para que possamos atenuar quaisquer penalidades a que possamos nos expor.

Isso envolve a empresa de ontem, de hoje e certamente a que será amanhã.

CAPÍTULO 12

O QUE A LGPD TEM A VER COM SEGURANÇA DE INFORMAÇÃO?

Uma grande bagunça que encontro na cabeça das pessoas é a confusão entre confidencialidade e privacidade. Obviamente a segurança de informação (ou simplesmente SI) sempre tratou da confidencialidade, nunca da privacidade.

A título de ilustração, muitos estão pesquisando no Google e copiando trechos de documentos de privacidade para atualizar suas políticas de segurança, como se isso bastasse.

Aliás, muitos (mas muitos, mesmo) estão achando que estar em conformidade com a Lei é o mesmo que proteger dados. E aqui é que enveredamos por uma estrada que mistura muitos caminhos.

Como eu sempre costumo falar em minhas palestras, o grande problema da LGPD é que ela traduziu o GDPR trocando o termo "regulamento" por "lei".

O GDPR é essencialmente um conjunto de normas técnicas, formatado em regulamento. A LGPD transformou esse regulamento em uma lei (especialistas me explicaram que as normas jurídicas brasileiras não reconhecem um regulamento com a mesma força), e muitos advogados a incluíram em seu portfólio porque "lei" é objeto de seu trabalho.

Porém, estar em conformidade com a LGPD não garante a privacidade de dados e informações, sem o trabalho de base técnico (SI) e ajustes nos processos de negócios, estes, sim, são os responsáveis pela coleta e utilização de dados e informações.

Não adianta possuir os melhores dispositivos de segurança do mundo, se os procedimentos forem praticados de forma indevida. Da mesma forma que os melhores contratos "vão por água abaixo", se os processos não forem compatíveis com o que os documentos descrevem.

Há algum tempo escrevi um artigo que dizia que "conformidade não garante segurança de informação". E atualmente, mais do que nunca, reitero que "conformidade (com a LGPD) não garante privacidade de dados (sem gestão de SI e processos de negócios)".

Como já visto anteriormente, encontramos ao longo do GDPR a indicação de oito itens da Norma ISO 27001 (segurança de informação):

- Política de segurança.
- Classificação de informação.
- Controle de acesso.
- Pentest (teste de invasão).
- Gestão formal (documentada) de *back*up.
- Criptografia.
- Plano de Continuidade de Negócios (PCN/BCP).
- Plano de resposta a incidentes.

Há menção também da política de privacidade, que não faz parte da ISO 27000, mas da ISO 29100, anterior ao próprio GDPR e à LGPD.

Em aproximadamente 100 empresas que visitei desde janeiro de 2019, 90% delas não possuem uma política de segurança formal, estruturada e assimilada pela estrutura corporativa. Para ser franco, cerca de 50% não tem nenhum documento formal sobre o assunto.

Privacidade não existe por si. É um estado consequente de um conjunto de ações multidisciplinares envolvendo tecnologia da informação (30%), revisão das relações contratuais (com RH, compras, comercial e outros) pelo jurídico (mais 30%) e fundamentalmente uma revisão nos procedimentos dos processos de negócios (40%), que devem contemplar os requisitos definidos pelos outros 60%, sem os quais a conformidade não vai garantir nem privacidade, nem segurança.

Proteção de dados = privacidade. E não se obtém proteção de dados seguindo a Lei. É necessário um forte trabalho de divulgação, conscientização e implementação de SI, para que seus objetivos consolidem a privacidade de dados e informações.

No mais, é como já escrevi aqui: "Querer garantir privacidade estudando a LGPD é o mesmo que querer aprender a dirigir decorando o CNT".

FASE 12 DO PROJETO
Práticas de manuseio de dados

É relativamente comum empresas contratarem DBAs. A abreviação vem do termo inglês *data base administrator* (administrador de banco de dados). Trata-se do profissional que pode gerenciar, instalar, configurar, atualizar e monitorar um banco de dados ou um sistema de bancos de dados. Seu objetivo principal é garantir alta disponibilidade do banco de dados com rapidez e confiabilidade.

Também é muito comum o processamento de informações de bases de dados para atendimento de processos de negócios. Entre os mais comuns, podemos citar:

- Processamento de folha de pagamento.
- Execução do pagamento da folha.
- Impressão de extratos e relatórios.
- Utilização de aplicativos na *web* (ERP, CRM, outros).
- Armazenamento de dados (*storage*).
- Computação na nuvem ou *cloud computing*.

A característica fundamental em todos esses casos recai no fato da empresa confiar as informações coletadas, necessárias para as atividades de negócios, a terceiros.

Há muito tempo, existem boas práticas definidas para o tratamento de dados. Porém, o cuidado, o zelo, a atenção e a responsabilidade no tratamento de dados que concedemos a terceiros passam a ter uma prioridade muito maior que a simples importância da atividade.

Como ter certeza de que os dados a que estamos dando acesso não serão copiados, reutilizados ou maltratados? Que garantia teremos de que essas informações não serão desviadas para finalidades diferentes daquelas para as quais originalmente as definimos?

A LGPD torna as empresas fiéis depositárias das informações privadas que coleta e armazena, pois apenas poderão mantê-las uma vez que haja uma relação estabelecida com seus titulares.

A solução recai na elaboração de contratos em que sejam estabelecidas responsabilidades, definidas ações, estipulados limites, mas, principalmente, em que sejam acordadas penalidades para o abuso no tratamento dessas bases de dados compartilhadas para uma finalidade específica.

É sempre bom registrar que nos casos indicados anteriormente como exemplos, é mandatório informarmos aos titulares que seus dados podem ser encaminhados a terceiros, para execução de atividades terceirizadas (os advogados poderão descrever melhor essa parte).

CAPÍTULO 13

FALTANDO POUCO PARA O INÍCIO DA LGPD: O QUE VOCÊ TEM FEITO SOBRE O ASSUNTO?

A grande "moda" é a LGPD: primeiro, os cursos que ofereciam "estudo da Lei". Em seguida, vieram as "certificações da Lei". Na sequência, surgiram cursos profissionalizantes para DPO/encarregado de dados e, agora, finalmente, os cursos ensinando "como implementar a LGPD na prática".

O que não falta é produto nesse "cardápio". O grande problema é que, como ninguém nunca "viu, tocou ou ouviu", não sabe como é para dizer se o resultado ficou bom ou não. O pior é que ninguém sabe se o preço cobrado é alto ou baixo, quando se trata de um serviço que nunca existiu!

Dizer que o responsável é um bom advogado ou que é um excelente técnico pode garantir o resultado final? Depende do objetivo do cliente: se ele quiser preparar seu jurídico ou sua TI/SI, poderá ser boa opção.

A respeito de competências, recomendo a leitura do artigo escrito pelo advogado Adriano Mendes, de uma clareza e precisão incríveis, "A LGPD e o mito do advogado que entende de dados", publicado em 1º de agosto de 2019 no LinkedIn.[1]

Porém, recentemente realizei uma apresentação do meu trabalho para uma grande empresa do setor hospitalar, que contratou um conhecido escritório de advocacia paulista para adequar a organização à LGPD. Após minha palestra, perguntaram qual o papel do jurídico e da TI na adequação à Lei (e repetindo o que tenho escrito aqui ao longo de vários capítulos), então expliquei que não dá para separar a adequação por disciplinas, já que tudo, inclusive os processos de negócios, deve atuar simultaneamente para um resultado final adequado.

Os funcionários da empresa se olharam e disseram: "já se passaram alguns meses e a única coisa que fizeram aqui com a TI foi enviar um questionário que não temos ideia da utilidade...".

Não existe referência passada. Não existe um padrão definido. Todo projeto vai depender da competência do seu gerente e do conhecimento que será envolvido na sua execução. Querer garantir a qualidade do resultado apenas na marca da empresa pode custar caro e o resultado não poderá ser resgatado sem utilizar mais tempo e esforço (remendar geralmente é mais caro que criar quando o resultado dá errado).

É ilusão querer comprar soluções que antes eram oferecidas para governança de TI como uma "ferramenta de adequação para LGPD".

Pode ser um grande desperdício sair cotando ferramentas para inventário de dados, se no seu ambiente existirem brechas de segurança muito mais críticas que também são objeto de cobrança pela LGPD (a qual cita referência a oito itens da ISO 27000).

Estamos prestes a ver uma grande corrida à conformidade como na época do *Bug* do Milênio: a partir de 2021, empresas ameaçadas de perder clientes por ausência de conformidade a LGPD/GDPR vão deixar de lado sua "cautela" e contratar os prestadores de serviços mais "garantidos" do mercado, não importando o preço.

---

[1] Disponível em: https://www.linkedin.com/pulse/lgpd-e-o-mito-do-advogado-que-entende-de-dados-adriano-mendes. Acesso em: 3 jun. 2020.

Isso porque, afinal de contas, de julho a agosto (ou maio), é muito pouco tempo para ficarem prontos. Ainda pior, com a pandemia rondando nossas portas.

Se você leu até aqui, vou lhe confessar o motivo deste capítulo: uma enorme revolta ao ver que até empresas de assistência técnica de PCs (sim, isso mesmo) estão oferecendo serviço de adequação à LGPD. Há empresas que até 2019 tinham produtos de gestão de contratos de TI que agora viraram "ferramenta de suporte à conformidade à LGPD" ou até mesmo uma famosa empresa de consultoria que criou um *software* que faz de tudo, desde que o mercado precise, anunciando a funcionalidade de "gestão de conformidade à LGPD", sem esclarecer que é recomendável contratar seus funcionários para fazer o *software* funcionar como desejado.

Não tenho nada contra bons profissionais anunciarem suas competências, mas que sejam honestos em suas ofertas: eu mesmo falo em minhas apresentações que, após a apresentação do meu relatório de "diagnóstico situacional" contendo o plano de ação para conformidade, muitas das atividades exigidas devem ser contratadas com profissionais de outras áreas ou empresas. Não faço tudo! E sinceramente desconheço qualquer empresa capacitada a entregar tudo que um projeto destes exige.

Não adianta "ficar em cima do muro", especialmente se sua empresa atende clientes com controle acionário ou matriz europeia. Quem efetivamente vai começar a fiscalizar a conformidade no mercado será o próprio mercado. Não haverá batalhões de fiscais visitando empresas para ver suas evidências de adequação.

O mercado pode ser muito mais exigente que o pior dos fiscais porque, se você perder seu contrato, não há garantia de que o cliente voltará atrás depois que contratar seu concorrente!

FASE 13 DO PROJETO
Acompanhamento de critérios externos

Na fase "Manutenção da estrutura de governança", apontamos a necessidade de ter um "pai do filho feio", responsável pelo tema privacidade ao longo do projeto de implementação da conformidade, seja ele um gerente de projeto ou o próprio encarregado de dados, será a pessoa responsável pelo tema, pelo menos enquanto durar o projeto.

Em algumas empresas, cita-se a criação de um "grupo de trabalho", que pode ser muito bom, caso cada um saiba o que deve fazer. Porém, como não há referência passada de trabalhos dessa natureza, geralmente as pessoas se sentem "perdidas".

Pior: sem uma liderança que conduza o esforço da equipe, que seja responsável pelo assunto, as atividades de trabalho ficam perdidas, pois não há a quem cobrar.

Invariavelmente muita gente tem falado o que leu em material publicado sobre o GDPR, e isso fica muito claro quando fazemos uma pergunta sobre a condução do projeto. Eu não conheci pessoalmente **nenhum** instrutor de cursos sobre LGPD que pudesse indicar um cliente de sucesso.

Claro que deve existir, mas os profissionais devem estar tão ocupados em projetos que não podem compartilhar seu precioso tempo dando aulas.

Aqui, cabe uma ressalva: citar precedentes legais ou sentenças dadas em países da Europa sobre o GDPR pode parecer uma boa ideia.

Porém, em um país de ideologias e políticas que refletem um jurídico instável e imprevisível, como o Brasil, o ideal é esperar o melhor, mas se preparar para o pior.

Sou extremamente conservador quando se trata dos meus clientes e sempre digo que prefiro pecar pelo excesso do que pela falta.

Já citei que atualmente existem cerca de 200 sugestões de alteração da LGPD, na forma atual, que ainda pode se sujeitar a interferências por sentenças judiciais que surjam, antes da ANPD começar a funcionar de fato.

Nesse meio-tempo, é necessário que alguém assuma a responsabilidade de acompanhar essas mudanças, pois, via de regra, o que está em conformidade atualmente poderá deixar de estar na semana que vem ou no próximo mês.

Seja pelo gerente do projeto ou pelo encarregado de dados, é necessária uma vigília constante sobre mudanças e alterações da Lei, bem como sobre eventuais sentenças judiciais que afetem a conformidade da nossa organização.

Por exemplo, ao final de uma reunião com diretores de um órgão público federal, um dos seus diretores disse que "não se preocupava, porque toda coleta e processamento de informações atendiam a bases legais". Todavia, esquececeu-se completamente de que essa condição era parte da conformidade, sendo fundamental a garantia de que essas informações devidamente coletadas e legalmente processadas estivessem protegidas e amparadas por estrutura de governança compatível com as exigências da LGPD.

Na ausência de um ponto focal esclarecido que possua conhecimento de Direito, além da própria LGPD, que conheça tecnologia e segurança de informação, mas, fundamentalmente, que saiba conectar esses conhecimentos com a análise dos fluxos de processos de negócios e as informações que trafegam ao longo da empresa, instala-se a anarquia do "achismo", e a opinião de um diretor pode abafar a competência de um gerente ou simples analista.

E opinião não é argumento.

CAPÍTULO 14

A CONFORMIDADE DA LGPD QUE VAI DAR ERRADO

Estamos no meio de um grande "tornado" de ofertas de produtos e serviços que nasceram para auxiliar o processo de adequação das organizações às necessidades da LGPD e também vemos surgir diariamente dezenas de novos produtos "adaptados" para essa funcionalidade (produtos que têm tudo...).

Desde janeiro de 2020, temos visto consultorias que nunca antes ofereceram serviços relacionados à segurança de informação como se fossem especialistas de longa data. Há também consultorias de segurança de informação divulgando *software* criado para gestão de riscos, atendendo demandas de conformidade à LGPD. Até mesmo escritórios de advocacia que nunca antes tinham se envolvido em áreas de tecnologia estão oferecendo serviços de adequação à LGPD.

Já escrevi vários artigos sobre o tema e atualmente, pela primeira vez, observo que o problema dessa grande quantidade de produtos e serviços é o **enorme risco** para as empresas que não percebem que o tema LGPD trata de **processos**, além de legislação e tecnologia para assimilação desta nova realidade.

Durante uma reunião com um executivo da Veritas, Marcell Arrais, fui apresentado ao conceito do "Paradoxo da Escolha" e fiquei perplexo ao perceber como ele se aplica ao atual mercado de produtos e serviços para adequação à LGPD.

Barry Schwartz, psicólogo e professor de Teoria Social e Ação Social, foi quem começou a discussão sobre o Paradoxo da Escolha em seu livro *The Paradox of Choice: why more is less* (*O paradoxo da escolha*: por que mais é menos), publicado em 2004.

Na obra, o autor levanta uma questão pertinente: por que os consumidores, mesmo com tantas opções de escolha, se sentem infelizes ou confusos na hora de comprar um produto?

Resumidamente, o Paradoxo da Escolha diz respeito à quantidade de produtos disponibilizados no mercado e ao senso de escolha do consumidor: especialistas na matéria já chegaram à conclusão de que quanto maior é a oferta, mais frustrado e confuso o consumidor fica e isso prejudica a compra.

Isso explica, por exemplo, porque achamos que deixamos de comprar o melhor chocolate, naquela imensa prateleira do supermercado, depois que damos a primeira mordida no que decidimos comprar.

Em outras palavras, o Paradoxo da Escolha considera que a atual insatisfação generalizada da sociedade contemporânea se deve ao excesso de possibilidades de escolha: por terem várias possibilidades (seja do ponto de vista social ou comercial), as pessoas vivem com uma insatisfação crônica, porque optar por uma possibilidade significa descartar outra(s).

Agora, transpondo isso para nossa realidade atual: existe uma enorme chance de que, qualquer que seja sua escolha pelo provedor de serviço ou de produto, no final, você pode acabar se sentindo prejudicado ou, no mínimo, avaliar negativamente o que adquiriu.

Verdadeira ou falsa, devemos estar preparados para essa situação, na qual evidentemente poderemos ter que apresentar para o *board* ou conselho da empresa os motivos que nos levaram a fazer uma escolha específica.

De que forma podemos nos preparar para esse momento?

- Estude o assunto. Entenda a LGPD, não apenas pelo aspecto legal, mas compreenda os requisitos técnicos exigidos e o comprometimento das áreas de negócios envolvidas.

- Busque referências **profissionais**. Marca nem sempre garante qualidade. Às vezes comemos em um bom restaurante e passamos mal ou compramos uma roupa cara que não nos veste bem.
- Ninguém tem experiência suficiente no assunto. Nem na Europa isso existe. Porém, o currículo dos profissionais envolvidos pode dizer muito mais que um "curso de formação de DPO" que não existia ano passado.
- Negocie um tempo de avaliação do produto que você está comprando. Um dos meus clientes adquiriu um *software* europeu para ajudar na gestão da implementação de conformidade. Todavia, nenhum dos seus funcionários tinha noção dos conceitos para obter os resultados desejados. Comprar o melhor editor de textos não lhe garante escrever um *best-seller*.
- Colete evidências de que a grama do vizinho **não** é mais verde que a sua. Pode ser que o resultado obtido no projeto de uma empresa parceira tenha sido melhor por conta da competência do gerente de projeto e não por conta do produto utilizado.
- Compare seu resultado com o de alguma outra empresa que terminou seu próprio projeto. Lembre-se de que não existem referências passadas, mas já podemos encontrar empresas em conformidade (eu mesmo já atuei para três).
- Lembre-se de que existem quase 200 sugestões de alteração da LGPD: até agosto de 2020, "muita água vai correr por baixo da ponte".

E por fim: lembre-se de que o importante é cumprir o objetivo de obter os mecanismos de controle que a LGPD requer para amparar e suportar a privacidade no seu ambiente corporativo.

"O ótimo é inimigo do bom."

FASE 14 DO PROJETO
Suporte e continuidade

De acordo com nosso cronograma de atividades de projeto, encerramos as fases necessárias para implementar todos os mecanismos de controle necessários para garantir a conformidade aos requisitos da LGPD.

Desde a elaboração das bases legais, os termos de consentimento, os ajustes de cláusulas contratuais, passando pelos oito itens de segurança de informação preconizados pela ISO 27001, até mesmo o ajuste de procedimentos nos processos de negócios.

Missão cumprida. E agora?

O atendimento à LGPD é mais que cumprir a proibição de fumar em locais públicos fechados ou simplesmente usar o cinto de segurança. A conformidade à Lei de Proteção à Privacidade exige que os mecanismos de controle que implementamos sejam mantidos e, se possível, melhorados ao longo do tempo, minimizando a necessidade de fiscalizá-los.

Algumas pessoas dizem que a conformidade à LGPD é um processo que deve ser gerenciado. Afirmo que é um conjunto de processos de governança que devem ser monitorados e suportados, gerenciados por pessoas específicas, para garantir que não desperdicemos o trabalho e recursos gastos, com algo permanentemente incorporado à nossa estrutura corporativa.

Ao longo das fases anteriores, tivemos oportunidades suficientes de informar, conscientizar e capacitar as pessoas que serão responsáveis pela manutenção da rotina desses processos.

Porém, agora caberá ao encarregado de dados e aos representantes de cada área envolvida a continuidade do que foi aprendido e o suporte ao que será necessário para manter a maturidade atual.

CAPÍTULO 15

LGPD: A CERTIFICAÇÃO QUE TODOS QUEREM E NÃO EXISTE

Participo de vários grupos de discussão sobre GDPR/LGPD. Gosto de trocar ideias (mesmo com aquelas pessoas que não têm qualquer embasamento acadêmico, que gostam de contestar fatos sem conhecer assuntos relacionados à segurança de informação ou gestão de riscos).

Ocorre que um assunto tem ido e vindo diariamente em algumas listas de pessoas curiosas sobre "Certificações de empresas para LGPD" ou mesmo "Certificações de DPO".

Não precisamos pesquisar muito para encontrar pela Internet ofertas de cursos preparatórios para DPO por entidades que nunca ofereceram cursos antes ou que já ofereciam, mas que não tinham nada a ver em formar alguém para uma profissão que nunca existiu.

Nos grupos dos quais participo, compartilho da minha preocupação com pessoas que se deixam levar pela ideia de carregar uma cetificação embaixo do braço, como certeza de empregabilidade nesse mercado de trabalho com poucas ofertas e muitos candidatos.

Lembro mais uma vez que atualmente há cerca de 200 sugestões para alteração da LGPD, e um curso feito com os assuntos básicos necessários para entender os requisitos da Lei não tem a mesma eficiência de um profissional que conhece os assuntos relacionados e estudou a Lei (tomo por referência o colega Edison Fontes, um dos mais respeitados profissionais do mercado de segurança de informação, que tem publicado vários *posts* com dicas e *insights* de elevado valor).

Quadro 15.1 Responsabilidades legais da LGPDP

ÁREAS DE NEGÓCIO, DE APOIO, ADMINISTRATIVAS
1. Definir a coleta dos dados pessoais necessários à execução ou produção dos produtos ou serviços da organização.
2. Ser responsável pelo relacionamento com o titular dos dados pessoais.
3. Garantir para os dados pessoais sob responsabilidade da organização: coleta mínima, finalidade legítima, adequação do tratamento, mínimo necessário e informações precisas.
ÁREA JURÍDICA, LEGAL
1. Garantir que a coleta de dados está respaldada por base legal definida em lei.
2. Alinhar todos os contratos com clientes e fornecedores (operadores) garantindo o atendimento aos requisitos da lei.
3. Garantir que os regulamentos de segurança da informação estão legalmente alinhando às leis que a organização precisa cumprir.
ÁREA DE SEGURANÇA DA INFORMAÇÃO
1. Garantir controles e processos para a proteção da informação com ênfase à proteção dos dados pessoais.
2. Garantir a efetividade do programa organizacional de segurança da informação.
3. Garantir que os controles exigidos pela LGPDP estão considerados no programa organizacional de segurança da informação.
4. Garantir a existência de evidências da execução dos controles de segurança da informação com ênfase em proteção de dados pessoais.

> **ÁREA DA TECNOLOGIA DA INFORMAÇÃO**
> 1. Garantir soluções técnicas para implementação dos controles de proteção de dados pessoais.
> 2. Identificar novas técnicas e ferramentas que facilitem os controles de proteção de dados pessoais.
> 3. Garantir a proteção do ambiente de tecnologia da organização.
> 4. Interagir com as áres de tecnologias dos clientes e prestadores (operadores) quando do tratamento de dado pessoal, garantindo a efetividade da proteção destes.

Fonte: Contribuição de Edison Fontes, CISM, CISA, CRISC.

Já existem pessoas perguntando pela "Certificação de LGPD para empresas"! Ou seja: estão buscando um *snake oil*[1] capaz de resolver os problemas presentes e futuros para adequação de suas empresas.

Já é difícil transmitir o conceito de que a conformidade à LGPD exige participação de várias áreas. Não é apenas multidisciplinar: deve ser holística, na medida em que a implantação de mecanismos de tecnologia para segurança de informação e revisão jurídica de documentos legais não seriam suficientes para garantir a conformidade.

Isso tudo me faz lembrar de quando a Microsoft trouxe para o Brasil suas certificações e os profissionais de TI correram para fazer os cursos apenas para aprender a usar os produtos da empresa, como se isso fosse garantia de emprego.

O mesmo está ocorrendo com empresas que oferecem cursos, e subjetivamente seus produtos, para "facilitar" a rotina do profissional que está participando...

Fico realmente desanimado de ver esse clima oportunista que acompanha nosso cenário atual. Fico preocupado com aquele profissional que está em busca de um emprego, gasta seus recursos limitados em uma certificação que pode não valer nada na hora de uma seleção.

---

[1] *Snake oil*: remédio vendido no Velho Oeste que curava desde picada de cascavel até dor de dente.

Fico apreensivo também com a atitude de algumas empresas que buscam prestadores de serviço por "marca", sem levar em conta a competência de quem vai entregar o produto ou executar o serviço.

E fico perplexo, ao ler em grupos de discussão, como as pessoas acreditam em quase tudo que lhes interessam, sem questionar a origem ou a competência do resultado.

Já comentei sobre o Paradoxo da Escolha, como deverá causar estragos em algumas contratações que estão sendo feitas hoje, para sanar a conformidade à LGPD, mas ouso dizer que não será nada perto dos estragos causados por empresas que oferecem certificações que nunca existiram antes, para um assunto que surgiu apenas recentemente.

O tempo vai mostrar.

CAPÍTULO 16

TRANSFORMANDO LIMÕES EM LIMONADA (OU CAIPIRINHA)

Como já é de seu conhecimento, além de consultor, também sou professor de pós-graduação no curso de Segurança de Informação da UFRJ. Ano após ano, tenho visto as turmas "encolherem", assim como o mercado de trabalho, cada vez mais direcionado para estratégias de virtualização e computação na nuvem, cujos fornecedores apontam para uma solução de economia consistente com o uso e escalabilidade sem imobilizar investimentos em *hardware* e *software*.

Entretanto, essa "economia" faz as empresas acreditarem que os provedores de serviços (Azure, Google, Amazon...) seriam também responsáveis pela manutenção da segurança no ambiente corporativo.

Mero engano! Recomendo a leitura do artigo "Especialista mostra como empresas e governos vazam seus arquivos na nuvem", de Rafael Arbulu.[1]

---

1 Disponível em: https://canaltech.com.br/computacao-na-nuvem/especialista-mostra-empresas-governos-vazam-arquivos-nuvem-146399/. Acesso em: 6 jul. 2020.

Os provedores de serviço garantem a segurança da infraestrutura, mas (a princípio) não podem gerenciar o ambiente de seus clientes por inúmeras razões, dentre as quais destacamos o fato de cada ambiente possuir características de negócios específicas, sistemas e aplicativos próprios, cuja gestão externa poderia acarretar uma falha ou indisponibilidade.

Como resultado, vemos um crescimento orgânico pela demanda de profissionais de Segurança de Informação, cada vez mais necessários para garantir o ambiente de negócios, seja local ou na nuvem, de forma que as ameaças (reais ou virtuais) sejam mantidas a distância.

Para melhorar ainda mais esse cenário, vimos em 2019 o início do GDPR e em janeiro de 2020 a LGPD, cujos requisitos de privacidade exigem um ambiente protegido por, pelo menos, oito itens da Norma ISO 27000, além das boas práticas assimiladas pelo COBIT e ITIL.

Passados oito meses desde que a LGPD começou a vigorar, a maioria absoluta das empresas ainda tem muito trabalho a fazer para atender aos seus requisitos de conformidade.

E esse comportamento das empresas se dá por não acreditarem muito nos discursos do governo e esperarem uma nova prorrogação do prazo de vigência, ou por preferirem arriscar o pagamento da multa de 2% sobre o faturamento anual, ou ainda, estarem dispostas a sofrer uma fiscalização pelo MPDF ou, no futuro breve, pela ANPD, ao invés de investir esforços e recursos para conformidade.

O que essas empresas não percebem é que existem grandes vantagens comerciais a serem obtidas pela conformidade com a LGPD: desde a atração de novos clientes (sim, privacidade é um diferencial competitivo, especialmente para as empresas da Comunidade Europeia) e a retenção de clientes existentes, até o aproveitamento da conformidade com a LGPD no que se refere ao marketing. Sendo assim, os benefícios justificam os investimentos.

Talvez a necessidade de melhorar o controle sobre dados pessoais possa ser obtido pelo melhor uso dos recursos de segurança encontrados em sistemas de controle de acesso ou na elaboração de um PCN testado e acompanhado. Isso pode levar a uma infraestrutura de TI mais segura? Novamente, a resposta aqui é "sim", principalmente se esses recursos de segurança forem aplicados em toda a organização, não se limitando apenas aos dados pessoais.

Pode uma infraestrutura de TI mais segura se tornar um ponto de marketing positivo, mais que o da concorrência? Claro que sim! Especialmente se se souber como divulgar isso.

Os benefícios da conformidade com a LGPD chegam a:

1. Proporcionar um controle melhor sobre os dados. Isso pode ser alcançado por meio de:
   - criação de uma função do encarregado de dados (o responsável nomeado pela LGPD);
   - identificação dos respectivos proprietários para cada tipo de dado (RH, compras, logística, marketing etc.);
   - definição clara de quem pode criar, acessar e modificar conjuntos de dados específicos (uma função dos proprietários dos dados).

2. Proporcionar melhor proteção de dados (físicos e eletrônicos) por meio de:
   - criação de um registro de ativos de dados;
   - manutenção da limpeza de dados para eliminar a duplicação, criando consistência dos dados e identificando/removendo cópias ilícitas;
   - implementação de controles de acesso adequados à finalidade, como a aplicação rigorosa do princípio da "necessidade de conhecer";
   - avaliações regulares de impacto na proteção de dados (RIPDs/DPIAs).

3. Evidência de *"due diligence"*:

   A capacidade de "provar" a devida diligência na conformidade com a LGPD se torna valiosa no caso do pior acontecer, havendo um vazamento de dados pessoais que acarretasse a aplicação de quaisquer das penalidades previstas.

4. Oportunidades de marketing:

   A oportunidade de criar uma mensagem de marketing positiva como consequência de poder "provar" a conformidade e a devida diligência.

Como uma empresa comprova a conformidade com a LGPD, para aproveitá-la para o marketing? Por meio de publicidade: são necessárias declarações públicas sobre levar a LGPD a sério – seja no *website* da empresa ou de *sites* especializados em segurança/privacidade, ou no material impresso da empresa, por exemplo –, mas que também precisam ser apoiadas pela exibição das certificações (ISO, COBIT, ITIL, outras) obtidas durante o processo de conformidade.

Embora políticas e procedimentos relacionados a coleta e manuseio de dados pessoais, principalmente nos processos manuais, sejam importantes para a conformidade com a LGPD, o papel da TI e da segurança da TI é igualmente importante, se não mais, no processo de proteção de dados pessoais.

Um excelente ponto de partida que temos proposto ao mercado é a *gap analysis* (diagnóstico situacional): sem isso, a organização poderá dar início a várias ações descoordenadas que correm o risco de se perderem se realizadas isoladamente.

A pesquisa na Internet e a participação em cursos ministrados por profissionais reconhecidamente capazes proporcionam suporte e capacitação dos colaboradores que devem ser envolvidos no processo de conformidade. Temos visto o surgimento de cartilhas e guias, publicados por entidades reconhecidamente "neutras" (sem fins lucrativos), que merecem ser consultadas.

Sugerimos muito cuidado ao acessar material de empresas que nunca trabalharam com Segurança de Informação ou gestão de processos/projetos antes da criação das Leis de Privacidade: em momentos como este, surgem muitos oportunistas dispostos a faturar sobre a falta de conhecimento do mercado sobre o tema.

Adicionalmente ao diagnóstico situacional sobre o cenário da LGPD, podemos iniciar uma auditoria prévia sobre conformidade aos itens da ISO 27001. Para empresas menores, é recomendável realizar uma autoavaliação de governança do IASME, que inclui perguntas sobre Cyber Essentials e GDPR.

Uma autoavaliação de governança com base no IASME é um excelente ponto de partida para qualquer organização, independentemente de seus planos de conformidade à LGPD.

De qualquer forma, é fundamental registrar que a conformidade a Leis de Privacidade, seja ao GDPR ou à LGPD, está intimamente ligada à boa estrutura da segurança da informação, ao apoio da alta gestão e a uma revisão de procedimentos operacionais pelas áreas de negócios, não se tratando de um assunto limitado ao jurídico ou à TI, sendo multidisciplinar e holístico, na medida em que envolve uma percepção do relacionamento entre os participantes de todo o ambiente corporativo.

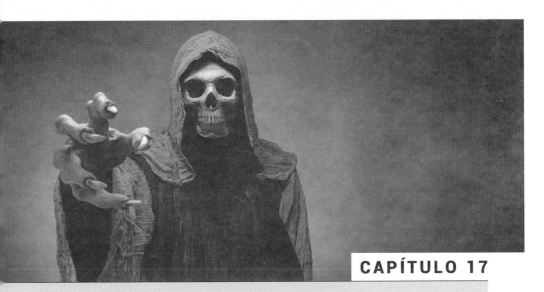

CAPÍTULO 17

EXISTE PRIVACIDADE NAS INFORMAÇÕES DOS MORTOS?

Eu não costumo invadir a "praia" de outros profissionais. Porém, recentemente, pela terceira vez, um cliente hospitalar me fez a pergunta que é título deste capítulo. O motivo? Existe a Resolução CFM 1.821/07 que exige a guarda de prontuários médicos por 20 anos.

E a grande questão é: uma vez que o paciente faleceu, essa informação deve ser mantida? Com qual objetivo? Qual a **finalidade**? Qual a **necessidade**? Não havendo nem uma, nem outra, podemos simplesmente **descartar**?

Para quem está "pegando o bonde andando", a LGPD traz uma série de questões que a maioria dos advogados que têm se dedicado ao estudo da Lei direciona para a jurisprudência do GDPR.

Ocorre que, na prática, o GDPR diz que não é aplicável a pessoas mortas (ver gdpr-info.eu/recitals/no-27/). Porém, o artigo 42 da LGPD diz que é aplicável, se o vazamento causar dano (!). Já o Código Civil brasileiro trata do tema (informações de pessoas falecidas), dando direito de ação, caso a família se sinta prejudicada (dano à imagem do falecido, por exemplo).

Você talvez esteja se perguntando agora o que eu tenho a ver com isso?

Se você trabalha para uma empresa de vínculo hospitalar (clínica, hospital etc.) e que hoje é obrigada a manter o prontuário de *x* pacientes por 20 anos, essa discussão pode ser toda a diferença entre aumentar o seu *storage* ou descartar documentos (papéis) e dados que estão se acumulando e geram custo.

Existem inúmeras questões que têm sido levantadas diariamente, em cada uma das minhas apresentações sobre o tema, em que pessoas me apresentam dúvidas sinceras que se refletem em suas rotinas.

Muitas outras também têm sido feitas, mas achei essa especificamente peculiar, por estar completamente "fora da curva".

De modo geral, há um certo consenso de que esta e outras perguntas estão esperando o surgimento da ANPD para serem respondidas, pois existem várias teses conflitantes.

E você, caro leitor, qual seria sua opinião sobre a "privacidade dos mortos"?

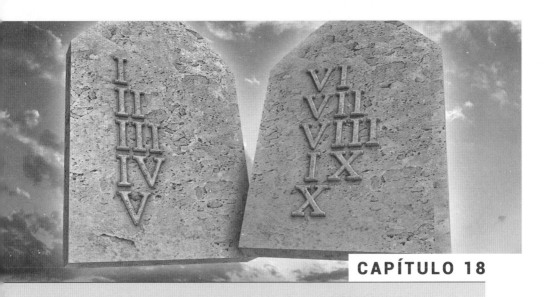

CAPÍTULO 18

OS DEZ MANDAMENTOS DA LGPD

Há pouco tempo li alguns artigos bem interessantes em formato de *"LGPD for Dummies"* e acabei decidindo publicar uma versão dedicada à nossa Lei Geral de Proteção de Dados... Sem querer ser Deus, mas aproveitando a retórica do discurso...

1. Redigirás sua política de privacidade alinhada com a política de segurança e o código de ética (ou de conduta) da sua organização.
2. Não contratarás o "melhor escritório de advocacia" ou uma das "*big* consultorias", sem ao menos saber do que a LGPD trata.
3. Nunca, em hipótese alguma, irás contratar um fornecedor de serviço ou produto, sem analisar **antes** um exemplo ou modelo do produto final.
4. Não fecharás os olhos, nem virarás as costas para os requistos da Lei, alegando que ela "não vai pegar".
5. Qualquer que seja teu caminho, não abandonarás o treinamento e a capacitação de seus colaboradores, fornecedores e parceiros.

6. No processo de conformidade à LGPD, não deixarás nenhuma área de fora, tampouco funcionário, alegando que "não tratam informações privadas".
7. Respeitarás os comandos da ISO 27000, assim como respeita teu pai e tua mãe.
8. Verás a área de TI como uma ferramenta para atendimento à conformidade e não a responsável exclusiva pela conformidade, assim como o jurídico.
9. Não nomearás a *compliance* (ou seu responsável) como DPO ou encarregado de dados.
10. Lembrarás ao C-Level da sua empresa que a responsabilidade, em caso de vazamento de dados, recairá sobre seus respectivos CPFs.

Se chegou até aqui, deve ter gostado do "roteiro" anterior. Apenas para não restarem dúvidas, aqui vão as explicações:

1. Costumo dizer que até "pelada de rua" tem regras. Como vamos implementar um projeto de conformidade envolvendo toda a organização, sem uma política de privacidade formal que vai orientar todos?
2. Isso já está meio repetitivo, mas vamos lá: a LGPD não apenas é multidisciplinar como também é holística, exigindo a participação de **todas** as áreas da empresa, uma vez que o tratamento de dados pessoais pode passar despercebido, e o que vai minimizar futuros vazamentos é a capacitação de todos.
3. Não foi uma, nem duas, nem três vezes que assisti a apresentações de produtos criados para um objetivo serem oferecidos como ferramenta de apoio na conformidade a LGPD/GDPR. Peça para ver um relatório final antes de embarcar nesse "canto de sereia". Não desperdice seus recursos (a maioria das empresas não lembrou da LGPD na hora do orçamento) com algo que não lhe atenderá satisfatoriamente.
4. O problema do avestruz que enterra a cabeça no chão é o "traseiro" que fica exposto. Não se exponha assumindo preceitos que já caíram por terra: as multas que temos visto constantemente por vazamentos de dados por si já justificam toda esta preparação.
5. Contratos, termos de consentimento, aplicativos, controles de acesso... nada será eficiente e eficaz se não houver capacitação e conscietização

dos funcionários, parceiros e fornecedores envolvidos nas atividades de conformidade à LGPD, na sua organização.

6. Não antecipe quem pode ou não participar do processo de conformidade. Quando você menos esperar, vai descobrir que uma área que não teria nada a ver utiliza ou processa informações privadas.

7. Não existe privacidade por si; ela é obtida ao criarmos, mantermos e gerenciarmos um ambiente que proporcione proteção e segurança da informação.

8. As expressões "lei" e "proteção de dados" levam a uma polarização do tema entre o jurídico e a TI. Se você ainda tem dúvidas sobre isso, precisa estudar mais o tema.

9. Já ouviu falar em "conflito de interesses"? Como uma área responsável por garantir a conformidade será a responsável pela respectiva implementação?

10. Não existe motivador maior que as pessoas tomarem conhecimento de eventuais penalidades a que estarão expostas... Lembre-se de que a alta gestão sempre considerou a segurança de informação importante e pertinente. Porém, só agora ela se tornou prioridade. Visite www.os10 mandamentosdalgpd.com.br e conheça mais sobre o tema.

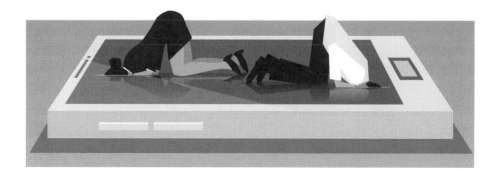

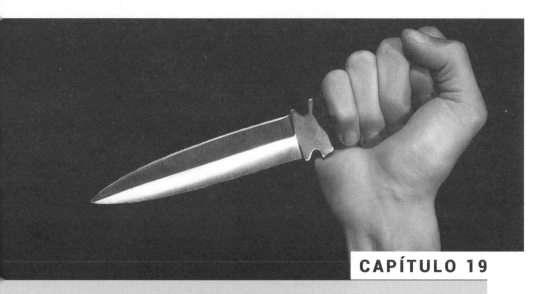

CAPÍTULO 19

CONSENTIMENTO E LEGÍTIMO INTERESSE: FACAS DE DOIS GUMES

O ser humano busca intuitivamente identificar referências salvadoras nos momentos de pressão e tensão, como este que estamos vivendo, em uma contagem regressiva para a vigência da LGPD.

Além das "balas de prata" que oportunamente surgem em quase todas as ocasiões, temos testemunhado o fortalecimento de dois argumentos para o tratamento de informações pelos controladores: o consentimento e o legítimo interesse.

O consentimento é o mais simples de entender, pois, como o nome diz, permite que o operador cadastre informações do titular de dados e prossiga no atendimento para o qual se suponha haver (legítimo) interesse.

Por exemplo, quando alguém baixa um APP e após a instalação abre-se um texto enorme com um quadrinho em que temos de marcar com um "x" para poder usar o serviço. O "x" (em tese) é o consentimento.

Fácil, correto? Aliás, ao consentir no uso de seus dados pelo controlador, o titular assume os riscos por eventual mau uso que o controlador fizer. Porém, você sabia que o consentimento pode ser revogado pelo titular?

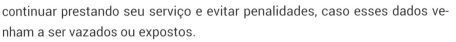

O enorme problema decorrente desse consentimento é que, a partir desse momento, quem recebeu as informações acaba de se comprometer como fiel depositário, sendo **obrigado** a guardar, proteger e mantê-las em um ambiente seguro se quiser continuar prestando seu serviço e evitar penalidades, caso esses dados venham a ser vazados ou expostos.

O consentimento não é um "cheque em branco" que permite ao controlador de dados o uso indiscriminado das informações de seus clientes ou funcionários. Trata-se mais de um "certificado de autenticidade" de coleta, evidenciando que as informações foram prestadas de boa vontade pelo seu titular.

E o "legítimo interesse"?

Esse é um conceito vago e generalista, devendo ser a principal justificativa das empresas para tratamento de dados pessoais no Brasil.

Só que, nesse caso, o risco é assumido pelo controlador de dados em vez do titular.

De acordo com a LGPD, nem todo interesse do controlador é legítimo. Entretanto, falta clareza na própria Lei para designar as referências que devem ser usadas para definir que o legítimo interesse foi corretamente aplicado.

Isso deverá ser feito pela ANDP, que, aliás, vai ter muito trabalho para cobrir as brechas que diariamente surgem colocando os controladores em situações duvidosas.

Imagine que, ao longo de quase 200 palestras que ministrei desde o final de 2018, várias pessoas me perguntaram se o objetivo de lucro das empresas não é um "legítimo interesse".

Invariavelmente eu começo a responder esclarecendo que não sou advogado e que meu objetivo é auxiliar

CONSENTIMENTO E LEGÍTIMO INTERESSE: FACAS DE DOIS GUMES

as organizações a implementar os mecanismos de controle que a Lei requer, com base no ajuste de procedimentos operacionais e implementação dos itens de segurança de informação cuja maturidade não tenha se mostrado satisfatória.

Em seguida, esclareço que tenho minha própria opinião acerca de vários pontos da Lei, que, apesar de estarem sendo defendidos por alguns advogados "xiitas", com base na jurisprudência do GDPR (e, portanto, **inaplicável** diretamente para o jurídico brasileiro), poderiam ser facilmente derrubados em uma exposição técnica.

Por exemplo: alegar que um IP ou um número de celular é um dado privado, porque (de acordo com esses advogados) é possível chegar à identidade do seu titular, é insano. Posso usar um cadastro *fake* em uma Starbucks e o IP que usei não só impede que me identifiquem, como daqui a algumas horas estará sendo usado por outra pessoa de qualquer outro lugar daquela região.

Na minha família, contratei um plano familiar em que quatro números estão em meu nome. Como então poderiam ser dados pessoais dos dois filhos e sua mãe?

Os "xiitas" respondem que meus exemplos são "exceções" e que a Lei deve estar alinhada com a regra. Eu duvido seriamente disso, especialmente com a quantidade de linhas de celulares que pertencem a empresas e são utilizadas pelos funcionários e das redes *wi-fi* gratuitas pelo mundo.

Sempre digo que, dependendo da **profundidade** da investigação, **qualquer** dado é privado, pois permite chegar ao seu titular.

E o lucro pode ser usado como legítimo interesse? Eu uso e abuso do princípio de segurança de informação de que "o que não é proibido é permitido". Logo, muitas empresas deverão optar por essa justificativa para o tratamento de dados de seus clientes.

O que também se prevê é uma série de abusos que irá culminar na revisão, ou melhor, na definição mais estreita, do que será o "legítimo interesse" pela ANPD.

E provavelmente muitas empresas que não têm nada a ver com esses abusos terão que rever suas estratégias e atualizar seus conceitos.

CAPÍTULO 20

CINCO RAZÕES POR QUE VOCÊ NÃO VAI SE ADEQUAR À LGPD

Depois do sucesso do artigo "Os 10 Mandamentos da LGPD", muita gente andou me perguntando sobre o que poderia fazer um projeto de conformidade à Lei dar errado. Não estamos falando de riscos de projeto – tenho certeza de que há pessoas muito mais competentes que eu para responder. Porém, quais seriam as "armadilhas" capazes de fazer um fluxo de implementação acabar dando errado ou deixando de cumprir seu objetivo?

Não cheguei a dez razões, mas acho que estas cinco vão fazer muita gente pensar bastante...

1. Não estar disposto a investir no assunto

Tentar resolver um problema começando pela economia é um dos fatores de risco mais comuns em qualquer tipo de empreendimento. Já vi empresas desejarem economizar, tentando dar utilidade a um conjunto de ativos de TI para atendimento a um determinado objetivo ou projeto.

O trabalho que dá adaptar o que se tem para o que se deseja geralmente acaba saindo mais caro do que adquirir algo criado especificamente para o que se quer.

2. Querer o mais barato

Eu sempre comento nas minhas turmas que ninguém escolhe uma babá (ou um dentista) pelo preço. Quando buscamos a solução para algo a que damos valor, tentamos adquirir a melhor solução possível de acordo com nosso orçamento.

O que, obviamente, não significa o mesmo que o menor preço.

Existe uma teoria estudada pelo Massachusetts Institute of Technology (MIT), chamada "arbitrariedade coerente", cuja definição na Wikipedia é a seguinte: "consumidores são sensíveis a diferenças relativas, mas não aos preços absolutos, o que implica a impossibilidade de determinar corretamente o preço daquilo que avaliam. As pessoas julgam preços com base em pistas, algumas úteis (como o preço por quilograma e a inflação), mas a maioria não (como o tamanho da embalagem e o preço relativo)".

Em outras palavras: se você decidiu que está na hora de comprar uma nova calça jeans, o referencial de "caro" ou "barato" será definido pelo seu saldo no banco, ou limite do cartão de crédito, não pelo verdadeiro valor da calça.

Logo, tentar avaliar o preço de um serviço de consultoria especializada pode acabar se tornando um grande problema, se o seu objetivo é resolver o problema apenas pelo menor valor.

3. "Deixa que eu faço"

Seja porque temos colaboradores de alto padrão intelectual ou consideramos que não haja assunto que nosso pessoal não consiga dominar, simplesmente entregamos nas mãos dos nossos funcionários a responsabilidade por resolver os problemas da empresa.

Eu até concordo com essa teoria, se o assunto em pauta tiver estreita relação com o negócio da empresa ou com a formação profissional do funcionário.

O grande problema da LGPD é que se trata de um assunto novo, sem referência passada, orientada por uma Lei que não detalha muita coisa. Aliás, sobre isso, podemos dizer que os profissionais envolvidos estão ansiosos aguardando as atividades da ANPD, já que as atuais referências disponíveis são do GDPR europeu, que **não** podem ser automaticamente aceitas quando o prazo de 14 de agosto de 2020 chegar.

Eu entendo que o "Doutor Google" nos ajuda a interpretar os resultados daquele exame de sangue ou mesmo um código de erro na lavadora de pratos, mas quando falamos da complexidade de um projeto de conformidade a uma Lei sem referências anteriores, sem jurisprudência brasileira e que ainda por cima não possui uma entidade responsável em atividade, como diz o ditado popular, "canja de galinha e cautela não faz mal a ninguém"!

4. Comprar uma solução completa

Essa é a famosa "bala de prata", que mata desde formigas até baleias-azuis (apesar desta ser uma espécie protegida). Essa solução que "assovia, chupa cana e escova os dentes ao mesmo tempo" provavelmente foi criada para um objetivo e seu desenvolvedor ou proprietário descobriu que, após um anjo abrir sua mente, ela também resolve o problema de conformidade à LGPD.

Só é preciso fazer uma bela apresentação e criar um discurso de vendas campeão.

Tal como a "panaceia universal" (remédio criado pelos alquimistas capaz de curar todos os males), ou, como já citei, o *snake oil* (medicamento oferecido no Velho Oeste norte-americano que curava de tudo), algumas empresas pensam que como é inevitável gastar para resolver esse assunto, que esse gasto seja com algo que resolva definitivamente todos os problemas.

Infelizmente só descobrem que se trata de algo que não resolve o problema quando é tarde demais (depois de ter pago e quando o prazo para conformidade estiver perigosamente próximo).

5. Copiar e colar

Não existe coisa pior do que a falta de profissionalismo de alguém que espera um trabalho ficar pronto para poder copiar, ajustar e dizer que está adequado. É o famoso "para inglês ver" e acontece muito com o Plano de Continuidade de Negócios (PCN) e Planos de Crise.

Entretanto, cabe a ressalva de citar que, no contexto da Lei, existem mecanismos de controle que devem ser implementados e que não são simples papéis escritos.

É possível copiar e colar documentos como políticas de segurança, de privacidade ou de conduta, ajustando-se os atores para pertencerem ao ambiente da empresa que copiou. Porém, muito mais difícil será criar e manter as evidências de cada um dos itens que são abordados nesses documentos e que, a princípio, foram criados para outra estrutura.

Muitas vezes, o texto pode não se adequar ao segmento ou mercado do novo proprietário. Neste caso, se houver um incidente de vazamento e for necessário apresentar as evidências de conformidade, o problema será muito maior que a falta de ética.

E finalmente...

Podem ocorrer muito mais situações em que o projeto de conformidade à LGPD poderá falhar. Em um cenário em que várias entidades estão vendo este momento como uma oportunidade de oferecer produtos e serviços como uma forma de compensar a queda na sua arrecadação (soube que dois sindicatos vão ofertar "treinamentos" e se oferecer como DPOs para seus filiados), é necessário muito disciplina e perseverança para não agir precipitadamente e tomar um caminho que poderá colocar sua empresa em risco.

Ainda temos tempo de nos adequar aos requisitos da Lei, lembrando sempre que se trata de um trabalho que envolve toda a organização, notadamente o jurídico e a TI, sem esquecer que quem coleta e utiliza dados pessoais são as áreas de negócios.

Vamos fazer o que deve ser feito, porque não se discute uma Lei. Cumpre-se.

CAPÍTULO 21

A ISO 27701 PODE CERTIFICAR SUA EMPRESA NA CONFORMIDADE À LGPD?

Há poucos dias foi anunciado o novo padrão da família 27000 para segurança de informação: a ISO 27701, que trata do Sistema de Gestão de Privacidade de Informação (Privacy Information Management System ou PIMS).

A primeira empresa a obter essa certificação foi a OneTrust, especializada em segurança de informação, riscos e privacidade. Não poderia ser de outra forma.

No entanto, essa nova ISO mal terminou de ser traduzida na ABNT e já existem comentários aqui e ali sobre a necessidade de Certificação em Privacidade, com vistas a atender a LGPD (ou o GDPR). Li em um conhecido *blog* que "Chegou a Certificação da LGPD".

Francamente... me desagrada ver constantemente o surgimento de textos e postagens alarmistas, referindo-se ao prazo indicado pela Lei, aos valores das multas, ao prazo para adequação das empresas.

É um absurdo tantas pessoas (e conheço algumas delas há muitos anos) acharem que a ANPD vai mandar fiscais batendo de porta em porta ou encaminhar ofícios para todas as empresas, solicitando evidências de conformidade.

Como já ressaltamos, quem vai "fiscalizar" as empresas é o mercado: se você atende uma empresa com controle europeu, certamente ela vai lhe solicitar conformidade. E se não atender, vão procurar outro fornecedor. Quem, atualmente, pode se dar ao luxo de perder clientes por falta de conformidade a uma Lei?

Além disso, o canal de denúncias vai aquecer: quanto mais a Lei for conhecida, mais empresas serão denunciadas e, obviamente, nesses casos, a autoridade competente irá se manifestar.

Por último, mas não menos importante, temos a autodenúncia como obrigação legal. Dessa forma, quem acabou sofrendo um vazamento terá de prestar contas sobre o que houve, mesmo sem ser objeto de fiscalização.

E a nova certificação em privacidade poderá nos conceder alguma tranquilidade?

A LGPD não exige conformidade em nenhuma norma internacional, muito menos um padrão criado depois do surgimento das Leis de Privacidade atuais. Obviamente, a ISO 27701 poderá evoluir para uma Norma ou Padrão de Certificação para Leis de Privacidade.

Porém, é muito importante que as empresas compreendam que certificações custam muito esforço, recursos e até mesmo dinheiro. No caso da ISO 27701, que é baseada na ISO 27001, será preciso obter **duas** certificações.

Finalmente "a pergunta de 1 milhão de dólares": preciso mesmo trabalhar para implementar padrões de Norma Internacional em Gestão de Privacidade, se isso não me garante conformidade à LGPD?

Sinceramente, acho que, se a sua empresa deseja construir uma reputação ilibada em disponibilidade, confidencialidade e integridade (ISO 27001), agregando diferencial competitivo e valor à sua marca e/ou produto, a ISO 27701 poderá se encaixar "feito uma luva", considerando-se o esforço exigido na primeira etapa e a obrigatoriedade da Lei de Privacidade, se até hoje a segurança de informação na sua empresa sempre foi encarada como "importante, pertinente, mas não prioritária".

Todavia, se você encarar essas certificações como se fossem uma prova irrefutável de que você estará em conformidade com a LGPD, procure profissionais verdadeiramente experientes no assunto e veja se o custo compensa o benefício.

Lembre que a adequação a LGPD/GDPR exige muito mais que mecanismos de controle de segurança de informação (que é um dos seus vários itens requeridos), levando em conta também a elaboração de documentação jurídica e, o mais importante, o ajuste nos procedimentos dos processos de negócios, que efetivamente é quem coleta e utiliza informações privadas e sensíveis.

A privacidade de um ambiente não é algo que se obtenha apenas instalando equipamentos, aplicativos ou elaborando termos de consentimento. Trata-se de um estado obtido com o ajuste entre as áreas de negócios, com apoio de TI/SI e o suporte do jurídico.

Uma sugestão: quando alguém lhe falar da nova ISO 27701 como "solução para LGPD", pergunte o valor dessa certificação, qual diferencial competitivo irá agregar à sua organização e, principalmente, como irá lhe garantir conformidade à LGPD.

E, dependendo da resposta, você vai saber com quem está falando.

CAPÍTULO 22

A LENDA DO ENCARREGADO DE DADOS PERDIDO

Ao longo da minha carreira como consultor de empresas profissional, desde 1999, milênio passado, tenho acompanhado espasmos de oportunidades que muitas pessoas acreditam que vão fazer diferença em suas carreiras (ou carteiras).

Obviamente não será diferente com a LGPD, que não está em vigor ainda e já causou um movimento brutal no ambiente jurídico. O grande problema, ao meu ver, é a falta de uma leitura precisa do papel do advogado neste momento, levando à conclusão (nem sempre precisa) de que o tema recai integralmente sob sua responsabilidade, em detrimento de aspectos técnicos ou de negócios.

Alguns dizem que é por terem faturado muito e outros, por terem deixado muitos clientes no "meio do caminho". O fato é que seus textos sobre a LGPD minguaram ao ponto de atualmente encontrarmos artigos e *posts* eventuais sobre temas diversos... e muito raramente alguma notícia sobre atualização de pontos da Lei.

Todavia, também encontrei movimentos de empresas que oferecem aplicativos para os mais diversos fins, que, de uma hora para outra, tornaram-se "ferramentas de suporte à adequação para LGPD". Uma empresa do Sul chegou a me dizer que "seu módulo para PCN foi endossado pelo profissional 'tal' de São Paulo, reconhecidamente uma sumidade no assunto". Ele não sabia que, além de ser professor nesta cadeira em uma pós-graduação da UFRJ, possuo três livros publicados sobre o assunto... Então, não pude levar a sério a "sumidade" do *software*.

Para quem me acompanha no LinkedIn, especialmente pelos *posts*, sabe que critico veementemente essa oferta descabida de cursos, certificações e eventos preparatórios, que, ao meu ver, não têm qualquer validade a não ser faturar às custas de quem desconhece a Lei e pretende se capacitar para um provável mercado de trabalho.

Sempre cito o comentário de um especialista português em um seminário de que participei quando lhe perguntaram sobre o "perfil de um DPO". Ele sorriu e disse: "Não existe um perfil único para DPO, porque cada empresa possui uma realidade e características próprias. Os profissionais que assumiram essa função na Europa estão aprendendo seu ofício na rotina do dia a dia".

Enquanto isso, no Brasil, fantasiamos a respeito de um papel que atesta que passamos em uma prova ou concluímos um curso, como se isso comprovasse competência. Nenhum diploma universitário comprova competência. Mal comprova que o aluno cumpriu o programa de ensino e que demonstrou pelo menos x% de rendimento. Fato facilmente evidenciado por alguns profissionais diplomados que mal redigem um relatório ou aqueles que penalizam seus pacientes por erros médicos.

A competência vem do estudo e da prática. Ela não cai do céu, tampouco pode ser exclusivamente extraída dos livros. A própria LGPD, que efetivamente passará a princípio a ser cobrada em agosto de 2020, possui quase 200 propostas de mudanças e, a título de exemplo, recebeu veto que na semana seguinte caiu (sobre o bloqueio da base de dados vazada).

Ou seja, se em uma prova de certificação houvesse uma questão sobre esse bloqueio, em uma semana ele se aplicaria e na outra semana, não. Isso provaria competência ou **apenas** o conhecimento da Lei?

Acompanho estarrecido a oferta de cursos, e até mesmo serviços relacionados à LGPD, por associações e até sindicatos, passando por entidades que

nunca haviam manifestado esse perfil acadêmico ou relação com segurança de informação ou direito. Recentemente foi publicada a ISO 27701 sobre Gerenciamento de Privacidade, e já vi surgir na Internet o termo "Chegou a ISO da LGPD", como se fossem sinônimos!

Nos últimos meses, realizei cinco projetos de diagnóstico situacional. Em nenhum deles propus implementar a conformidade. São tantas atividades e tão diversas que oriento meus clientes a selecionar do mercado aqueles que sejam mais compatíveis com suas "necessidade$".

Existe um ditado antigo que diz: "Até um relógio parado está certo, duas vezes no dia". O mesmo pode ser dito sobre essa enorme oferta de produtos e serviços direcionados para LGPD. Porém, recentemente li uma frase, de um membro do LinkedIn, que resume de forma simples o que este texto veio dizer: "Vamos parar de **instigar ilusões**" (Marcus Cesar Ferreira – MCF).

CAPÍTULO 23

ESTUDEI, ME CERTIFIQUEI E ATÉ AGORA NÃO ME EMPREGUEI: O QUE FAZER?

Recentemente publiquei uma crítica sobre o surgimento de um infinito (não consigo mais contar) número de cursos preparatórios e "certificações" para DPO, que, se não atraíssem tanta gente procurando aumentar a empregabilidade, seriam no mínimo engraçados.

Como o amigo e colega Edison Fontes comentou em um de meus artigos no LinkedIn: "As certificações sérias e respeitadas nos demais países, de instituições como a ISACA ou (ISC)2, exigem, além da prova de conhecimento, evidências de que você trabalha no tema há pelo menos cinco anos. Que tipo de evidências? Declaração de sua empresa, de renomados profissionais ou de clientes. E eles ligam ou enviam correspondência questionando essas pessoas que estão lhe dando declarações. Uma prova é pouco para uma certificação...". Creio que esse comentário seja autoexplicativo.

Porém, como exigir experiência para certificar uma função que nunca existiu?

Pior: alguns cobram um valor exagerado para o que entregam (R$ 3.000,00 não é pouco), ou não cobram nada, como um evento recente, divulgado pela

Internet (mas que oferecia uma certificação pela participação). Essas "promessas de certificação" estão se tornando uma "isca" para atrair pessoas que acreditam potencializar sua chance de emprego para 2020.

Estão "mistificando" a função do encarregado de dados, como se estivesse para surgir uma demanda irrefreável por funcionários para ocupar esse cargo, sendo necessária qualificação para as pessoas poderem se candidatar.

Em primeiro lugar, em quase todas as empresas que já atendi (e mais de 150 que visitei) com serviços relacionados à LGPD, a maioria esmagadora indicou um de seus funcionários para a função. A minoria delegou essa responsabilidade para o comitê que foi criado para tratar do tema.

E o que fazer agora? Se me permite opinar, seja competente. Como escreveu Edison Fontes, é necessária uma experiência que suporte essa "certificação". Enquanto você não conseguir a desejada vaga, procure se aprofundar nos temas exigidos para conformidade à LGPD, dos quais enfatizo itens da ISO 27001 e análise de negócios. Serão fundamentais para você encarar e solucionar as não conformidades que serão encontradas ao assumir essa responsabilidade.

No Brasil, culturalmente valorizamos pedaços de papel (antigamente apelidados de "canudo") como certeza de emprego. Hoje vemos profissionais diplomados por entidades de primeira linha procurando emprego ou empreendendo na economia informal para sobreviver.

A única certeza que há é de que empresas não vão partir para o mercado para contratar imediatamente uma função que qualquer um de seus funcionários, devidamente orientado e capacitado, poderá exercer.

E você que está lendo até aqui, se já investiu ou pensa em investir na sua capacitação para assumir uma vaga dessas, deve lembrar que muitos milhares de outras pessoas pensaram como você e que certamente a oferta deverá ser muito maior que a demanda, considerando-se o atual cenário como base.

O meu ponto é: qualquer um pode receber uma certificação por ter tirado uma boa nota em uma prova de conhecimento. Porém, apenas conhecimento não pontua em um processo seletivo cuja maioria vai exibir a mesma experiência anterior no cargo ("nenhuma"), com exceção daqueles que já atuaram na Europa e estão buscando se recolocar no Brasil.

Se você quer **realmente** investir em uma carreira relacionada à gestão de privacidade de dados, sugiro que se empenhe no estudo de segurança de

ESTUDEI, ME CERTIFIQUEI E ATÉ AGORA NÃO ME EMPREGUEI: O QUE FAZER?

informação. Pode até parecer que não é tão importante quanto conhecer a Lei, mas a LGPD não diz "como" proteger e não existe a privacidade por si: a ISO 27701 exige que o ambiente seja previamente certificado pela ISO 27001 de, adivinhe, segurança de informação!

Não desanime. Persevere. Eu digo aos meus alunos que nunca antes a classe profissional de SI esteve tão valorizada quanto agora, depois de ter sido bastante reduzida pela virtualização e quase extinta pela *cloud*.

Mãos à obra: volte a estudar o que deve ser estudado e efetivamente aumente suas chances no futuro próximo. E se desejar obter uma nova certificação, busque entidades reconhecidas, de valor acadêmico ou comprovada competência no assunto, exibindo um portfólio de clientes atendidos.

Nunca é tarde para começar de novo.

CAPÍTULO 24

GANHAMOS OU PERDEMOS COM O ADIAMENTO DA VACÂNCIA NA LGPD?

Desde que surgiu a notícia do Projeto de Lei para adiar a vigência da LGPD, as empresas que se viam acuadas pelo prazo soltaram foguetes, os fornecedores que haviam visitado centenas de clientes "acenderam velas" e muita gente acabou simplesmente dizendo "Eu não disse?".

Primeiro, cabe minha ressalva pessoal, pois, em outubro de 2018, comecei a pesquisar entre meus clientes o que planejavam fazer em relação à Lei. E 99,9% dos clientes respondiam com a pergunta: "O que é LGPD?".

Na minha opinião (baseada na observação prática), essa postura representou 99,8% das empresas em relação ao que fizeram em 2019 para adequação à Lei, levando em conta que deixaram de considerar custos de conformidade no orçamento para este ano. Ou seja: na **prática**, a maioria das empresas **não** reservou orçamento para atender à conformidade à LGPD.

Pode-se dizer que 2019 foi um ano **perdido** para a maioria das empresas, o que causou enorme pressão e ansiedade, gerando a expectativa de que haveria enormes possibilidades de negócio.

Com esse Projeto de Lei, vemos um alívio nessa demanda reprimida, que acaba ganhando prazo para planejar seus gastos e obviamente avaliar com mais calma as propostas que recebeu para resolver o assunto.

Muitos dos meus clientes já haviam se posicionado para tratar do assunto em 2020, concentrando esforços e recursos para adequação até agosto, mas uma vez que o prazo efetivamente foi estendido, tanto os recursos quanto os esforços deverão ser dosados a fim de reduzir o desencaixe ao longo do ano até 2022.

Pelo menos, essa é a expectativa de grande parte das empresas.

Todavia, o que essas empresas não levam em conta (assim como o pessoal do "Eu não disse?") é que não haverá fiscalização ativa sobre conformidade à Lei. Ou seja, é **impossível** que a ANPD (ou outra entidade qualquer) organize um grupo de fiscais capaz de verificar em **todas** as empresas (conforme a Lei indica) a maturidade na conformidade, seja em 2020 ou em 2022.

Porém, o que a maioria das pessoas também esquece é que o **mercado** já está solicitando evidências de adequação de seus fornecedores aos requisitos de privacidade indicados pela LGPD. Esquece também que a União Europeia assinou acordo com o Mercosul e obviamente só poderão participar empresas que estejam alinhadas com os requisitos de privacidade do GDPR e/ou da LGPD. Ignora ainda que, ao deixar de estar em conformidade, corre o risco de perder clientes e consequentemente participação no mercado, caso seus clientes já estejam adequados.

A LGPD vai se tornar diferencial competitivo!

Independentemente das razões anteriormente expostas, ainda há a questão **risco** da empresa quando a média de multas por vazamento de informações tem sido de R$ 2 milhões por vazamento, fora as penalidades secundárias. Lembramos que empresas que recentemente sofreram vazamentos (como a Netshoes e XP Investimentos, por exemplo) perderam valor de mercado e foram vendidas na sequência.

Logo, antes de tudo, entendo se tratar de uma questão de análise de risco: o aumento do prazo permite um planejamento de investimento mais "folgado", o assunto não perdeu sua importância ou pertinência, tampouco sua prioridade.

As empresas devem ter consciência de que o assunto deve ser resolvido o mais breve possível, considerando-se o aumento da exigência por parte de empresas com controle acionário europeu e, por outro lado, de um mercado preocupado com os riscos que seus fornecedores estão correndo com dados pessoais de clientes e colaboradores, compartilhados sem a proteção exigida pela LGPD.

Seria cabível, sim, um adiamento. Talvez até o final de 2020, ou meados de 2021, na pior das hipóteses, considerando-se que a não conformidade por si não é fato gerador de multa. Seria justo compensar um pouco o fato das empresas não terem tido tempo de alocar recursos para o assunto no orçamento de 2019.

Porém, mais que isso, seria transmitir ao mercado uma falsa sensação de descaso no assunto, dando voz àqueles que disseram "Eu não disse?", quando a verdade é que o tema de privacidade é uma preocupação atual global e não há mais volta: ou o Brasil se adequa a esse nível de exigência para negócios, ou corre o risco de perder mercado, ou mesmo não participar de novas oportunidades que surgirão nos próximos anos.

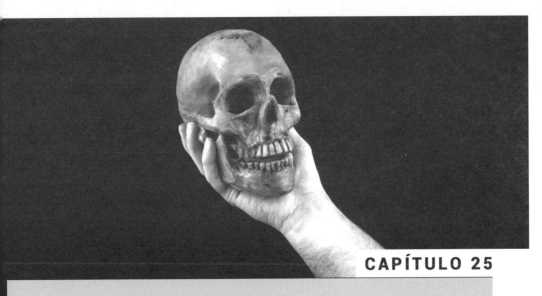

CAPÍTULO 25

SER DPO OU NÃO, EIS A QUESTÃO...

Em novembro de 2019, participei de um *webinar* organizado por Vinicius Durbano[1] sobre a LGPD e, em determinado ponto do debate, surgiu a questão sobre minha opinião acerca da "indústria de DPOs" que a LGPD criou.

Inicialmente, comentei que as pessoas estão tomando decisões erradas sobre o investimento no tema porque "ser um DPO" não exige preparação, uma vez que se trata de uma função de interface entre a organização e o ambiente externo, notadamente o órgão responsável por privacidade. Hoje é o MPDF, enquanto a ANPD efetivamente não sai do papel.

Outro ponto importantíssimo que as pessoas deixam de lado achando que haverá uma demanda explosiva por profissionais capacitados: em 99% das empresas que visitei (cerca de 150) desde janeiro de 2019, **nenhuma** pensou em contratar um funcionário específico para cuidar do assunto.

---

1 Disponível em: https://youtu.be/U3y2gzlXpII. Acesso em: 23 jun. 2020.

Essa tendência tem uma explicação muito simples: é **fundamental** para o colaborador que assumir essa função ter conhecimento do ambiente de negócios da organização, muito mais até que seu conhecimento jurídico ou técnico, uma vez que essa função terá apoio das respectivas áreas de negócio (jurídico e TI), caso necessite.

Em um cenário com demanda de profissionais que entendam do tema e a necessidade de aumentar a empregabilidade, fazem com que muitas pessoas caiam no "canto da sereia" de cursos que "formam profissionais", como se houvesse um currículo estabelecido para assumir uma vaga.

Vemos dezenas de pessoas colocando em seu título no LinkedIn o termo DPO, sem nunca ter exercido essa função. E repito: **não** é uma profissão e não imagino que venha a ser um cargo. Trata-se de uma função, definida por Lei, para atendimento de um de seus requisitos. Uma vez que a empresa esteja em conformidade, esse profissional vai ficar **apenas** acompanhando a manutenção dos mecanismos de controle.

Além disso, existe o oportunismo de entidades que, em "época de vacas magras", encontraram uma forma de faturar em cima da novidade do assunto. Algum tempo atrás, um sindicato de empresas de TI começou a ofertar "serviços de DPO" com o apelo de "não deixar sua empresa exposta às multas da Lei". Recentemente foi criada uma "associação" de DPOs/encarregados de dados, por profissionais desconhecidos pelo mercado de segurança de informação e que oferecia como um dos benefícios da filiação a "carteirinha de DPO".

E, finalmente, Vinicius Durbano me perguntou o que eu achava que as pessoas deveriam realmente fazer para se capacitar e eventualmente assumir o desafio de se tornarem um DPO/encarregado de dados.

Na minha sincera opinião, como já citei anteriormente, acho que as pessoas devem investir e estudar segurança de informação. Privacidade não é um fim em si. É um estado temporário, obtido com a implementação de mecanismos de proteção, já consagrados e consolidados em Normas como a ISO 27001, o ITIL e o COBIT. Tanto que a nova Norma 27.701, de Gestão de Privacidade de Dados, **exige** a certificação prévia na 27.001. Sem gestão de SI, não há segurança, muito menos privacidade.

Lei não garante privacidade. Não existe privacidade sem segurança.

Várias empresas me perguntam se existe "Certificação em LGPD", pois leram em algum lugar que a ISO 27701 seria a Certificação da LGPD.

Novamente, não existe certificação de lei. Existem, sim, **evidências** de conformidade que a própria Lei apresenta.

Estude SI para se preparar para alguma verdadeira oportunidade de trabalho com privacidade de dados. Não se deixe levar pela ilusão de que um curso lhe permita anunciar que já é um DPO ou encarregado de dados, sem nunca ter sido ou exercido a função porque "passou" em uma prova que lhe convenceram que se tornaria oportunidade de trabalho.

Se você ainda tem dúvida, lembre-se daquela famosa pergunta em uma entrevista no processo seletivo: "Conte-me um pouco da sua experiência nessa função...". O que você vai responder?

CAPÍTULO 26

A MATRIZ DE RESPONSABILIDADES NA LGPD

A seguir, apresento uma matriz na qual indico as responsabilidades do jurídico, das áreas de negócios e da TI/SI por fase de conformidade.

Pela primeira vez (pelo menos eu não vi outra), aparecem atividades vinculadas às áreas de negócios (RH, comercial, marketing etc.), pois são áreas que efetivamente **coletam** e **processam** informações privadas.

Quadro 26.1 Matriz de responsabilidades na LGPD

ETAPA DO PROJETO DE CONFORMIDADE	ATIVIDADES DO JURÍDICO	ATIVIDADES DE NEGÓCIOS	ATIVIDADES DA TI/SI
Criação da Estrutura de Governança	Apoio na elaboração de políticas e documentos corporativos internos; apoio consultivo para análise de normas setoriais à LGPD, específicas a cada segmento	Nomeação do encarregado de dados (DPO); elaboração da política de privacidade e do código de ética/conduta	Elaborar/revisar política de segurança de informação; elaboração da política de privacidade

(continua)

(continuação)

ETAPA DO PROJETO DE CONFORMIDADE	ATIVIDADES DO JURÍDICO	ATIVIDADES DE NEGÓCIOS	ATIVIDADES DA TI/SI
Gerenciamento de um Programa de Conscientização e Treinamento	Apoio na elaboração de materiais educativos para clientes internos e externos; apoio no treinamento interno; avaliar conteúdos informativos (quando aplicável)	Executar capacitação de novos colaboradores; garantir treinamento e capacitação dos colaboradores envolvidos nas atividades que coletam dados privados; requisitar evidências de conformidade dos prestadores de serviço e parceiros	Compartilhar conceitos de classificação de informação e divulgar critérios de controle de acesso; conscientizar colaboradores sobre a política de segurança
Inventário de Dados Pessoais e Mecanismos de Transferência de Dados	Elaboração de contratos para proteger a privacidaade na transferência internacional de dados; *gap analysis* jurídica (quando cabível)	Zelar pelo atendimento dos critérios de classificação e orientações das políticas de privacidade e de segurança	Gerenciar bancos de dados e manter controle dos contratos que suportam procedimentos de transferências de dados privados
Gerenciamento de Riscos da Segurança de Informações	Gerenciar validade de contratos envolvendo processamento de dados e informações privadas	Atender aos requisitos das políticas de segurança e privacidade	Manter política de segurança de informação atualizada; promover a conscientização dos colaboradores sobre a importância de cada item
Inclusão da Privacidade de Dados nas Operações	Promover análise, revisão e/ou elaboração de cláusulas contratuais específicas para proteção de informações privadas	Gerenciar a emissão dos termos de consentimento e manter controle sobre o prazo de validade de cada um	Disponibilizar mecanismos de controle de segurança de informação, adequados para proteção de privacidade em cada processo de negócio
Gerenciamento de Riscos de Terceiros	Análise, revisão e atualização dos contratos com prestadores de serviço e terceiros em geral	Acompanhar e manter atualizados os critérios de análise de riscos sobre fornecedores, prestadores de serviço, parceiros e terceiros em geral	Monitorar os fatores de risco dos prestadores de serviços relacionados à TI e SI

(continua)

(continuação)

ETAPA DO PROJETO DE CONFORMIDADE	ATIVIDADES DO JURÍDICO	ATIVIDADES DE NEGÓCIOS	ATIVIDADES DA TI/SI
Gerenciamento de Alertas	Definição das bases legais para tratamento de dados	Implementar avisos em pontos de coleta de informações, em que haja risco de exposição de dados pessoais durante o registro	Implementar avisos em sistemas ou aplicativos para coleta de informações, em que haja risco de exposição de dados pessoais durante o registro
Resposta a Solicitações e Reclamações de Terceiros	Atuação consultiva e orientações de conduta	Atendimento, registro, tratamento e resposta aos pedidos de titulares de informações e/ou seus representantes legais	Disponibilizar mecanismos para registro, acompanhamento de atendimento (protocolo) e autenticação de identidade do solicitante ou reclamante
Gerenciamento da Política Interna da Privacidade de Dados	Alinhamento das políticas (segurança de informação/privacidade) e códigos (ética/conduta) para fins de proteção à privacidade	Oferecer subsídios aos encarregados de dados (DPO) para atualização dos itens da política de privacidade, adequando-a à realidade dos processos de negócios	Manter controles técnicos para suporte ao controle de acesso, classificação de informação e atualização da política de segurança de informação, quando cabível
Programa de Gerenciamento na Perda de Dados	Suporte jurídico no atendimento e resposta a incidentes envolvendo vazamento de dados e informações	Elaborar e manter procedimentos de resposta e comunicação de vazamentos de dados, consoante diretrizes das políticas de segurança de informação e privacidade	Elaborar e manter Plano de Continuidade de Negócios atualizado e testado, envolvendo todas as áreas da organização
Práticas de Manuseio de Dados	Elaboração de cláusulas de privacidade específicas para suportar e proteger procedimentos que envolvem manuseio de dados	Implementação de treinamento e programa de conscientização contínuos	Acompanhamento de prestadores de serviço que manuseiem banco de dados com informações privadas

(continua)

(continuação)

ETAPA DO PROJETO DE CONFORMIDADE	ATIVIDADES DO JURÍDICO	ATIVIDADES DE NEGÓCIOS	ATIVIDADES DA TI/SI
Acompanhamento de Critérios Externos	Análise, recomendações de ajustes e atualizações de políticas, quando cabível	Aplicação das recomendações e orientações das atualizações da Lei, nos procedimentos que envolvem dados privados	Atualização de processos e mecanismos de proteção técnica, quando cabível
Suporte e continuidade da estrutura de privacidade	Ação consultiva; manutenção de registros que demonstram a adoção das medidas para adequação das operações à LGPD	Implementação de processo de avaliação e acompanhamento de conformidade aos requisitos de privacidade da LGPD; manutenção e atualização da política de privacidade	Manter plano de segurança de informação atualizado; zelando pela educação continuada dos colaboradores, no seu conteúdo
Monitoramento de Novas Práticas Operacionais	Acompanhamento e suporte na elaboração de contratos que permitam novas práticas operacionais, envolvendo aspectos de privacidade de dados	Comunicação da criação de novos processos ou procedimentos, que envolvam o tratamento de informações privadas para atualização da documentação pertinente	Comunicação da criação de novos aplicativos ou sistemas que envolvam o tratamento de informações privadas para atualização da documentação pertinente

Pode parecer presunção, mas essa matriz sintetiza de forma clara e objetiva que a LGPD **não é competência exclusiva do jurídico nem de TI/SI...**

Talvez as pessoas consigam entender o que venho afirmando (e que tem sido objeto de críticas) com base na letra fria da Lei – o que por si já é um erro, pois a LGPD veio de um **regulamento** (GDPR) e só se chama "Lei" por questão de ordenamento jurídico brasileiro.

Inclusive essa abordagem de "diagnóstico" baseado na não conformidade entre o ambiente e os **artigos** da Lei é que acaba acarretando relatórios incompletos: os artigos da Lei não trazem detalhes, tampouco explicam como implementar a conformidade. Pior: na ausência de um embasamento técnico (TI/SI), o leitor não percebe as fontes originais de boas práticas e recomendações que por si já contam com 20 ou 30 anos de publicação, seja na ISO 27001, no ITIL ou COBIT.

Ao longo de 2019, debati sobre essa abordagem em vários grupos de discussão da LGPD pela Internet, que era invariavelmente confrontada com a interpretação de uma lei que nem sequer está em seu formato definitivo, que possui inúmeras brechas e ainda depende do surgimento de uma ANPD, que existe de direito, mas não existe de fato.

Convido vocês a avaliarem a matriz do Quadro 26.1 e considerarem o entendimento de que, além de multidisciplinar, o tema é holístico, na medida em que exige uma compreensão da inter-relação das áreas envolvidas.

Como já escrevi, querer implementar a conformidade da LGPD estudando a Lei é como querer aprender a dirigir decorando o Código Nacional de Trânsito.

CAPÍTULO 27

ERRANDO (FEIO) NO TERMO DE REFERÊNCIA (TR) DA LGPD

A LGPD começou a valer em janeiro de 2019, e muitas empresas, especialmente as públicas e de economia mista, acabaram deixando para ver de que se tratava no final de 2019.

No final de dezembro de 2019, recebi quatro termos de referência de empresas de ramos distintos, mas basicamente com a mesma estrutura (não sei se estão "copiando e colando" de algum lugar ou se é resultado de um *mix* de propostas coletadas), solicitando uma pré-proposta (que irá orientar a elaboração da licitação em si), com o seguinte escopo:

1. Diagnóstico situacional (*gap analysis* ou análise de brechas) para identificar como a empresa está em relação aos requisitos da LGPD.
2. Inventário de dados.
3. Revisão e atualização de contratos.
4. Treinamento e capacitação de pessoal.
5. Elaboração de políticas (de segurança, de privacidade e código de ética).
6. Análise de infraestrutura de segurança de informação.

Respondi da mesma forma a todas essas empresas: como eu posso precificar um trabalho, uma atividade, se não tenho elementos que me permitam avaliar o esforço necessário para atender? E começo a explicar:

1. A *gap analysis* é minha especialidade (juntamente com os itens de segurança de informação e ajuste de processos). Recomendação para todos os projetos visando conformidade à LGPD.
2. Inventário de dados é uma atividade ampla: Qual a base de dados? Qual o ambiente de TI? Dados estruturados (bancos de dados) é fácil. E os dados não estruturados e em meio físico? Já fizeram uma avaliação para dizer qual o tamanho e onde estão? Na verdade, isso deverá ser apontado pela *gap analysis*.
3. Revisão e atualização de contratos: Quantos? Qual tipo? Quantas páginas? Se não soubermos isso, como vamos quantificar o esforço?
4. Treinamento e capacitação de pessoal é mandatório: Quantas pessoas serão envolvidas? Qual a profundidade do treinamento? Palestra, *workshops* ou algo mais específico?
5. Elaboração de políticas: pedem um orçamento sem sequer termos ideia da estrutura ou da cultura da empresa. Uma política de segurança ou de privacidade **não** é uma dúzia de laranjas! Não faça "copiar e colar" de documentos pela Internet, correndo o risco de criar mais problema que solução... Esses documentos são considerados pela LGPD "medidas atenuantes", se forem bem elaborados e atenderem sua realidade.
6. Qual infraestrutura? Sabia que o item mais básico da ISO 27001 é a política de segurança? Sua empresa possui uma? Os colaboradores a conhecem? Ela é dividida em diretrizes, normas e procedimentos?

As pessoas pedem que especialistas como eu precifiquem um projeto, sem terem noção do que está envolvido. Pior: como não há referência de projetos anteriores, criam uma "lógica" para elaborar um projeto que não vai funcionar.

Por que não vai funcionar? Porque, via de regra, pedem que respondam ao termo de referência (TR) em uma semana (pois estão vendo terminar o tempo para conformidade) e precisam preparar a licitação, mas não imaginam que, se responderem esse TR como solicitado, vão criar um grande problema, com uma proposta milionária, que eventualmente será "podada", pois vão perceber que várias atividades serão desenvolvidas pelos próprios colaboradores!

As pessoas estão tentando "queimar etapas" realizando uma "superlicitação", esquecendo que o resultado do diagnóstico situacional é que vai definir o escopo das atividades de adequação!

Tentar fazer tudo em um "pacotão" cria o risco de realizar uma licitação de R$ 3 milhões, que, ao final, poderá custar R$ 1,5 milhão. Seria ótimo se a empresa não tivesse que justificar isso ao Tribunal de Contas ou outro orgão fiscalizador.

Além disso, não podemos precificar algo antes de saber o que vamos fazer. E tentar precificar antes de fazer nos leva a cobrar mais, com medo do que vai aparecer.

Meu pai já dizia: "faça devagar, porque estou com pressa".

CAPÍTULO 28

LGPD COM ESPUMA OU SEM?

Interessante notar o amadurecimento das pessoas em relação à LGPD. Vemos menos manifestações por parte dos advogados, cada vez mais restritas "à letra da Lei" propriamente dita e menos à oferta de conformidade. Por outro lado, temos visto, por parte de empresas de TI, a adaptação das funcionalidades de produtos criados para processos de controle e gestão de processos, a fim de "gerenciar a conformidade à LGPD".

Continuamos vendo a ideia de formação de "DPO profissional" que as próprias Leis de Privacidade descrevem como **função**, não sendo cargo nem sequer profissão, como muitos desejariam, para poder vender um certificado ou oferecer uma associação.

Temos empresas que continuam esperando para ver se a Lei "vai pegar", ignorando que, enquanto esperam, a concorrência pode estar em vias de conformidade, sendo priorizada quando o mercado desejar renovar ou contratar um fornecedor que esteja conforme a LGPD.

Vemos gente no LinkedIn postando os mais variados assuntos em português e inglês para mostrar que são internacionais, mesmo que estejam falando de um tema que só interesse aos brasileiros.

E, dessa forma, vemos exemplos que explicam o fato de "muita espuma e pouco chope" para designar pessoas, empresas ou coisas que possuem menos conteúdo que aparentam por conta da "espuma".

Não são as multas que deveriam motivar empresas e pessoas a se adequarem à LGPD. Porque lei é lei; não se adequa. Cumpre-se, justa ou injusta. E a nossa LGPD é um grande queijo suíço, repleto de buracos e indefinições que serão explorados das mais diversas formas e jeitos.

Já até criaram um novo "conto de terror" (argumento assustador para as empresas justficarem seus gastos com novos produtos ou serviços): o surgimento de advogados especializados em ações de proteção à privacidade para exigirem indenizações milionárias das empresas que não estiverem em conformidade quando terminar a vacância das penalidades (variando entre agosto de 2020 e maio de 2021).

Certamente haverá judicialização, considerando-se as enormes lacunas existentes na redação da LGPD. Já surgiram ações "oportunistas" contra empresas que possuem grandes bases de dados, questionando a segurança da privacidade de seus clientes, fundamentadas no ônus da prova do CDC para produção prévia de provas, que certamente será explorada para pedido de indenizações.

Muitas empresas também estão aguardando ver se o Projeto de Lei extendendo o prazo de vacância será aprovado, esquecendo que, enquanto ela aguarda, muitos concorrentes já estão avançados nesse processo e, em determinado momento, o mercado irá priorizar exatamente essa conformidade.

Sem fazer muita força, veremos que:

- Empresas com controle acionário de país membro da Comunidade Europeia deve estar em conformidade.
- Empresas que atendem clientes da Comunidade Europeia devem estar em conformidade.
- Empresas situadas na Comunidade Europeia só podem contratar empresas em conformidade, para não se colocarem em não conformidade.

- Empresas brasileiras que estejam adequadas ao GDPR, já estão adequadas à LGPD e não podem contratar empresas em não conformidade, sob pena de ficar em não conformidade.

Logo, se você está esperando o que fazer, lembre-se de que provavelmente sua concorrência não estará...

Cuidado com os prazos sobre a vigência da LGPD. Se você não fez nada até então, não é que você "ganhou fôlego". Isso só seria verdade se você estivesse sozinho, mas existem inúmeras outras empresas cobiçando seus clientes, que já começaram a se adequar e estarão prontas **antes** de você.

Acabou o tempo de procrastinação. Não adianta ficar atrasando o inevitável. Faça ou faça.

Todavia, faça direito.

CAPÍTULO 29
NÃO: ESSA ANPPD (ASSOCIAÇÃO NACIONAL DE PROFISSIONAIS DE PROTEÇÃO DE DADOS) NÃO ME REPRESENTA

Sou profissional de Segurança de Informação há cerca de 20 anos. Estudo o GDPR desde 2016. Tenho implementado processos de conformidade em empresas e ministrado cursos, aulas e *workshops* sobre Segurança de Informação, proteção de dados e privacidade, há mais ou menos 8 anos, em instituições como UFRJ, Unirio, Unisinos e Escola de Guerra da Marinha. Tenho três livros publicados e participo de três grupos de trabalho na ABNT. Considero-me um profissional de Segurança de Informação, proteção de dados e privacidade.

Todavia, não tenho pretensão de ser "DPO".

Preocupa-me sobremaneira um posicionamento de entidade representativa autoproclamada, sem efetivamente ter sido objeto de referendo que apoiasse esta "representatividade", da mesma forma que inúmeras pessoas têm se denominado "DPO" sem nunca ter efetivamente exercido a função ou ter sido nomeadas para isso, porque fizeram um curso ou prova que não existia em 2019.

Na Europa, não existe nada parecido, nem no México, onde a Lei da Privacidade é mais antiga que o GDPR.

Preocupa-me essa pseudoautoridade em nome de uma classe inexistente (pois um DPO ou encarregado de dados não é uma profissão de fato, mas uma **função**, conforme descrito pela Lei).

Vejo claramente profissionais que têm investido no ensino e na, digamos, "certificação informal", para tentar aumentar sua empregabilidade. Informal, sim, porque não reconheço nenhuma legitimidade ou **autoridade** para uma associação ou empresa particular outorgar uma certificação profissional para uma função.

Entidades sérias, de reconhecida autoridade, quando certificam profissionais solicitam provas de experiência no assunto e evidências de atuação no campo. Eventualmente, cartas que testemunhem a capacidade profissional ou o tempo de serviço do candidato.

No Brasil, basta fazer um curso ou passar em uma prova que a pessoa automaticamente inclui o título no seu cabeçalho do LinkedIn.

E seria cômico, se não fosse trágico, o fato de um DPO ser uma **função** nomeada/indicada (como o GDPR e a LGPD descrevem). Ou seja, não se tratando de um cargo ou profissão, como uma pessoa pode se tornar DPO sem nunca ter exercido a **função**? Nenhuma das Leis exige cursos ou certificações.

Para mim, trata-se de um aproveitamento abusivo da boa-fé e da esperança de pessoas que estão tentando melhorar de vida ou mesmo ser contratadas para uma vaga que não vai se sustentar.

Estou muito preocupado com o tipo de interferência que uma entidade que se intitula associação possa criar em um momento de transição da própria LGPD, se dizendo representar os profissionais de privacidade de dados.

Não. Esta ANPPD (Associação Nacional de Profissionais de Proteção de Dados, cuja sigla até se assemelha à da ANPD) não me representa.

CAPÍTULO 30

A VOLTA DOS QUE NÃO ESTÃO EM CONFORMIDADE COM A LGPD

Desde outubro de 2018, tenho conversado com empresas dos mais diversos setores, públicos e privados, explicando a cada uma o que a LGPD é (e o que não é). Ao contrário da abordagem tradicionalmente praticada por escritórios de advocacia e empresas de tecnologia, que polarizam o tema nas suas especialidades, a minha "bandeira" sempre foi (e será) uma forte abordagem na análise dos processos de negócios (RH, comercial e marketing, dentre outros), que são as áreas efetivamente responsáveis por coletar e utilizar dados de pessoas para prestação de seus serviços ou simplesmente para suas atividades de negócios.

Há pouco tempo, comecei a receber vários termos de referência (TRs), utilizados por órgãos públicos ou de economia mista, para embasar uma posterior licitação, solicitando proposta de consultoria para *gap analysis* ou análise de brechas. Um "diagnóstico situacional" da empresa cujo resultado é um plano de ação das atividades necessárias para colocar a empresa em conformidade com a LGPD.

Trata-se exatamente do serviço que tenho oferecido desde janeiro de 2019, com o objetivo de facilitar o planejamento da conformidade pelos meus clientes, que conseguem separar destas atividades tudo que eles mesmos irão realizar e o que será necessário contratar.

Entretanto, além das atividades necessárias para este trabalho, muitas empresas estão incluindo no mesmo TR as próprias atividades necessárias para conformidade, sem qualquer referência de esforço ou métrica, capaz de subsidiar uma precificação consistente. Ou seja, além de pedirem uma proposta de diagnóstico situacional, solicitam também o preço para as atividades de conformidade necessárias, sem saber exatamente o que ou quanto, **antes** de saber o resultado da *gap analysis*.

Ou seja: é mais ou menos como se você fosse ao dentista para fazer o orçamento de um tratamento dentário e pedisse o valor antes que ele examinasse sua boca.

Eu ainda não descobri se estão se baseando na proposta de prestação de serviço de alguma empresa ou se estão misturando conceitos extraídos de diversas fontes, mas a confusão por trás desse pedido de proposta é clara para quem entende de projetos e sabe a trabalheira que a conformidade à LGPD dá.

Um colega chegou a sugerir que, em se tratando de licitação, essas empresas estão tentando "atalhos" para realizar o mínimo de licitações possível. Esquecem que **ninguém** poderá entregar todas as atividades necessárias. Se uma empresa elabora documentos indicando as bases legais de tratamento de dados pessoais, não será a mesma responsável pela solução de criptografia, que provavelmente será diferente da empresa responsável pelo teste de invasão (Pentest).

E provavelmente serão necessárias diferentes licitações para atendimento de todas essas exigências.

"A volta dos que não foram" é uma expressão bem-humorada para nos referir às empresas que provavelmente serão obrigadas a refazer seus processos de contratação, que inicialmente buscavam simplificar a burocracia, mas que esbarraram na complexidade e variedade dos requisitos de conformidade à LGPD, especialmente no que tange à segurança de informação, fundamental para proteção da infraestrutura da organização.

A todos que se identificarem nessa situação, sugiro que estudem um pouco mais o assunto, buscando interpretar aquelas atividades relacionadas (jurídico, tecnologia e negócios), definir uma estratégia que atenda aos requisitos de conformidade de cada vertente, orientando o respectivo processo de contratação.

"Fazer difícil é fácil. Difícil é fazer fácil", como geralmente falo para meus alunos!

CAPÍTULO 31

FALANDO O ÓBVIO SOBRE A LGPD: A ÁGUA É MOLHADA

Fico perplexo como se repetem chavões a respeito da LGPD e do GDPR. Há pouco tempo, li o trecho de um texto indicado por uma advogada que afirmava: "O primeiro passo para a adequação é fazer um diagnóstico de preparação para a LGPD, que significa verificar suas bases de dados e como eles estão sendo utilizados...".

Se as Leis de Proteção de Dados são focadas na implementação de mecanismos de segurança de informação, o que tem a ver "como eles estão sendo utilizados" para adequação à Lei?

Vamos lá: existem as bases legais. Existem as finalidades. Existem os mecanismos de controle. Existem os controladores e operadores de dados. E existem os titulares dos dados.

O maior **erro** das empresas que iniciam projetos para conformidade às Leis de Privacidade é tentarem identificar as não conformidades para "corrigir", em vez de planejarem seu fluxo de conformidade para **então** ajustar suas atividades.

É começar pela *gap analysis* ou análise de brechas (diagnóstico situacional).

A maioria das empresas que se dispõem a iniciar um projeto de conformidade à LGDP começa pesquisando no Google e invariavelmente as duas maiores respostas são inventário de dados e ajuste de contratos.

Entretanto, a execução dessas duas atividades **não** garante a conformidade à LGPD porque falta um **contexto** necessário para que o resultado atenda às exigências da Lei. Apenas inventariar os dados não protege as informações. Assim como o simples ajuste de contratos não garante sua conformidade se não estiver ajustado com a política de privacidade (que ainda não tinha sido citada como requisito) e o código de ética/conduta.

Em um *framework* de implementação, não se alcança o resultado esperado ao final das atividades realizando partes isoladas. É necessário ter começo, meio e fim.

Em meados do primeiro semestre de 2019, participei de vários grupos de discussão sobre a LGPD, que invariavelmente defendiam a discussão sistemática dos seus artigos como se fossem suficientes para garantir a conformidade. Cheguei a ser confrontado uma vez por um advogado que questionava minha argumentação de que o GDPR e, consequentemente a LGPD, eram calcados em boas práticas extraídas da ISO 27001, do COBIT, do ITIL e outras reconhecidas fontes.

Até que lhe respondi que "decorar a LGPD para implementar sua conformidade era como querer aprender a dirigir estudando o Código Nacional de Trânsito". E começaram a entender o que eu defendia: privacidade é consequência da implementação de diretrizes, normas e procedimentos com foco na segurança de informação e (claro) atendimento aos requisitos de privacidade preconizados na própria LGPD.

Atualmente muitos repostam e escrevem coisas óbvias para os profissionais de segurança de informação e tecnologia de informação como se fossem novidades. Uma vez, cheguei a ler um comentário no LinkedIn que era mais ou menos assim: "Temos que aguardar para ver se realmente os procedimentos sugeridos (de implementação de segurança de informação para adequação à LGPD) farão mesmo diferença no ambiente corporativo" – como se esses procedimentos tivessem surgido com a Lei.

Há pessoas escrevendo livros sobre LGPD sem nunca ter implementado um único projeto de conformidade, alegando ter um *framework* de implementação!

FALANDO O ÓBVIO SOBRE A LGPD: A ÁGUA É MOLHADA

Se você quer se tornar especialista em privacidade, o primeiro passo é entender que ela é resultado de vários procedimentos, não sendo algo obtido apenas com o inventário de dados ou ajuste de contratos.

Lembre-se: quando vamos tirar a carteira de motorista (CNH), precisamos estudar o Código Nacional de Trânsito, mas nele não há referência de como se troca a marcha de um carro!

CAPÍTULO 32

A LGPD E A DESCOBERTA DA RODA

Este capítulo versa sobre o óbvio e sobre como muitas pessoas publicam *posts* e fazem comentários sobre características da LGPD, que, na verdade, são matéria fundamental em segurança de informação ou compõem COBIT, ITIL ou ISO, sendo novidade para aqueles que não tiveram formação nessa área.

Recentemente assisti a uma apresentação de um "produto" criado para "auxiliar a implementação da LGPD", que nada mais era que um banco de dados gráfico, onde quem estivesse conduzindo o projeto de conformidade iria registrar seus objetivos, prazos e, obviamente, atividades.

Aliás, muitas empresas transformaram seus produtos, originalmente criados para "gestão de riscos", "gestão de governança em TI", "gestão de contratos" etc. em "gestão de LGPD". Só alteraram um pouco a interface do produto.

Enfim, agora vemos surgir, da noite para o dia, empresas "experientes e competentes na implementação da LGPD", com um "time de primeira linha", capaz de operar milagres.

Definitivamente o mercado ensandeceu com a vontade de faturar, mas sejamos menos criativos e mais realistas: sair por aí anunciando a competência em algo que não existia é, no mínimo, muita autoconfiança.

Partindo da boa-fé, só posso imaginar que alegam essa experiência toda em projetos de conformidade jurídica ou de tecnologia e, por "analogia", são bons em LGPD.

Conforme já citei neste livro, muitas lojas de moda feminina coletam números de celulares de clientes sem qualquer formalidade: o vendedor pergunta à cliente se tem interesse de receber informações sobre promoções, descontos, liquidações etc., a cliente informa seu número e o funcionário registra no aparelho da loja.

Praticamente **todas** as lojas de moda feminina praticam essa ação de marketing.

E todas, invariavelmente, terão de implementar quatro ações:

1. Criar um procedimento que formalize o consentimento da cliente, na coleta do número de celular, para receber informes sobre promoções e ofertas, a fim de resolver o problema de agora em diante.
2. Elaborar uma ação de coleta de consentimento com as clientes que informaram seus números, mas não registraram isso em lugar algum, para colocar em conformidade o atual banco de dados.
3. Excluir da base de dados **todos** os números que não tiveram consentimento.
4. Utilizar uma ferramenta de gestão de consentimento, de forma a garantir a retirada do número da cliente caso não autorize ou venha a revogar o consentimento.

Minha consideração é: trata-se do ajuste de um procedimento que não aparece na LGPD, nem nos padrões de segurança de informação ou em boas práticas recomendadas, pois esse ajuste visa alterar uma atividade criada informalmente, "transparente" a um mapeamento de processos convencional.

E eu só percebi isso devido à minha experiência prévia com Planos de Continuidade de Negócios, em que mapeamos atividades nos processos de negócios.

Contudo, prefiro achar que "descobri a roda", dizendo que pelo menos 50% da conformidade à LGPD deve surgir pela adequação de processos de negócios (mas ninguém fala sobre isso **ainda**).

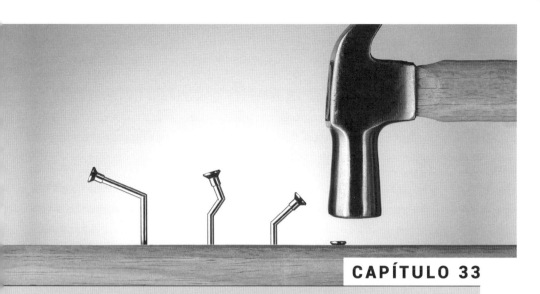

CAPÍTULO 33

ERROS DE PRIVACIDADE COMUNS EM TODAS AS EMPRESAS

MODELO DE COMPROVANTE PARA CONSENTIMENTOS DE USO DE DADOS PESSOAIS	
1. Descontos e benefícios	(x) não aceito
2. Programa da indústria e de uso contínuo	(x) aceito
3. Comunicação e marketing	
SMS	(x) não aceito
E-mail	(x) não aceito
Telefone	(x) não aceito
Notificações via aplicativo	(x) não aceito

Atuando diretamente no mercado, por meio de serviços de "análise de brechas" (*gap analysis*) das empresas em relação aos mecanismos de controle da LGPD, tenho encontrado algumas falhas de privacidade em várias delas, que até então eram tratadas como se não fosse nada demais.

Vamos começar de trás para a frente, com a decisão do STJ (em 26/02/20), calcada no Código de Defesa do Consumidor (CDC), sobre o compartilhamento de informações de bancos de dados utilizados por empresa, sem prévia comunicação ao titular, sob pena de indenização:

> O Superior Tribunal de Justiça (STJ) entendeu que bancos de dados que compartilham informações de consumidores devem informá-los previamente acerca da utilização desses dados, sob pena de terem que pagar indenização por danos morais [...] o fato de as informações serem fornecidas pelo consumidor no ato de uma compra, ou até mesmo divulgadas em redes sociais, não afasta a responsabilidade do gestor do banco de dados de previamente comunicar o seu compartilhamento [...] uma empresa gestora de dados, que foi condenada a indenizar um consumidor em R$ 8 mil pela comercialização indevida de informações pessoais e sigilosas. [...].[1]

Já prestei serviço para um grupo corporativo constituído por 15 empresas que simplesmente utilizava a **mesma** base de dados, consolidando a coleta para efeito de tornar o enriquecimento e o tratamento mais eficiente e eficaz. E isso é mais comum do que se imagina.

Com a sentença do STJ, mesmo **antes** da LGPD entrar em vigor, fica claro que empresas não podem compartilhar informações de seus clientes, sem prévia anuência, sob pena de arcarem com as respectivas indenizações, mesmo que seja entre empresas do mesmo grupo.

Segunda falha mais comum: em segmentos em que o cliente solicita cotação prévia (planos dentários, de saúde, seguros, outros), o armazenamento de dados privados informados para cotação é posteriormente mantido para tratamento e contato comercial.

Como a LGPD especifica que toda coleta deve ter uma finalidade e essa finalidade de cotação é atendida com a resposta ao interessado, manter esses dados privados será uma não conformidade passível de penalidade, especialmente se for constatada prática usual.

---

[1] Disponível em: https://valor.globo.com/legislacao/noticia/2020/02/27/20f1f083-destaques.ghtml. Acesso em: 8 jun. 2020.

Terceira falha mais que comum: a coleta de informações de contato para envio de mensagens promocionais, ofertas de desconto ou informação de cunho comercial em geral, sem consentimento do titular.

Praticada por quase a totalidade das empresas de moda feminina atualmente, que pedem o número de telefone às clientes e os inserem diretamente no celular da loja, apesar de alguns acharem que a informação do celular pela cliente seria um consentimento, não há evidência de que foi a cliente quem informou seu número. Ou seja: a partir de agosto de 2020 (ou maio de 2021, a confirmar até a ocasião), uma dessas clientes poderá, de má-fé, ingressar com uma ação contra as lojas que ligam oferecendo descontos e promoções, pedindo indenização por quebra de privacidade.

E ainda podem utilizar a mensagem da empresa como prova processual!

Outro fator de risco, muito comum em praticamente todas as empresas que oferecem plano de saúde extensivo aos familiares, especialmente os menores de idade: a LGPD exige a autorização expressa dos pais ou responsáveis para armazenamento de informações dessas crianças.

Via de regra, atualmente as empresas que oferecem esse benefício simplesmente cadastram o nome dos beneficiários no mesmo contrato de adesão do pai ou da mãe. Uma coisa é a adesão ao contrato. Outra é a autorização ou consentimento dos pais ou responsável para cadastramento dos dados de dependentes menores de idade.

São objetos distintos, com objetivos distintos, e, na ausência da autorização, haverá cenário de não conformidade com a LGPD.

A mesma situação se repete em relação aos seguros de vida, em que surge como beneficiário um dependente menor de idade. Apesar da finalidade estar atrelada a um contrato, a prestação do serviço é para o segurado, não para o beneficiário do seguro em caso de sinistro com o segurado.

Na dúvida, prefira "pecar pelo excesso" que pela falta.

Outra situação que tenho encontrado repetidamente é a ausência de autorização para coleta de biometria, para fins de controle de frequência ("ponto"), enquanto durar a relação trabalhista do funcionário e um procedimento formal de exclusão do respectivo arquivo, quando demitido.

De forma parecida, algumas pessoas podem alegar que existe uma finalidade na coleta. Porém, como se trata de informação sensível que será armazenada pela empregadora, é necessário que um documento indique como essa biometria será descartada em caso de desligamento do funcionário e como estará protegida durante sua retenção.

Este capítulo poderia se estender muito mais, porém o objetivo é mostrar que existem procedimentos simples que a grande maioria das empresas realiza atualmente sem qualquer preocupação com a LGPD.

Em todos os casos citados anteriormente, uma pessoa de má-fé pode (e deverá) ingressar na justiça, alegando algo que a favoreça, com base na LGPD, para receber uma indenização.

As empresas devem estar atentas para o fato de que não haverá fiscais da ANPD verificando a conformidade, uma vez que a Lei penaliza em caso de vazamento ou denúncia. Porém, o **risco** jurídico das empresas vai aumentar exponencialmente, na medida em que já existem grupos, associações, empresas e pessoas se preparando para ingressar com ações coletivas contra empresas que coletam grande quantidade de dados pessoais, com a finalidade de angariar indenizações.

Apesar de acreditar no bom senso dos juízes, que deveriam declinar do julgamento de casos envolvendo privacidade antes da aparição de fato da ANPD, devemos nos preparar para o pior, apesar de esperar o melhor.

CAPÍTULO 34

O QUE É UM DPIA/RIPD?

Infelizmente não há como fugir do "juridiquês" neste tema, já que se trata de um mecanismo criado pelas Leis de Proteção de Dados. Muita gente já ouviu falar, mas ninguém nunca viu, tal como "cabeça de bacalhau ou pé de cobra", então, vamos falar primeiro do que já vimos no GDPR: o Data Protection Impact Assessment (DPIA) é um processo elaborado para nos ajudar a analisar, identificar e minimizar sistematicamente os riscos de proteção de dados de um projeto ou plano.

É uma parte essencial das suas obrigações de prestação de contas sob a ótica do GDPR, tendo sido assimilada pelo MPDF nos casos de vazamentos de dados e descrito na LGPD.

O artigo 5º, inciso XVII, da LGPD, cita "documentação do controlador que contém a descrição dos processos de tratamento de dados pessoais que podem gerar riscos às liberdades civis e direitos fundamentais, bem como medidas, salvaguardas e mecanismos de mitigação de risco".

Consideramos tratar-se de uma **medida atenuante** no caso de incidente de vazamento de dados, pois evidencia que a organização analisou e identificou formas de minimizar riscos, apesar da LGPD não definir como tal explicitamente e, quando feita corretamente, ajuda a avaliar e demonstrar como você cumpre todas as suas obrigações para proteção de dados.

Seja um DPIA no GDPR, ou um RIPD (Relatório de Impacto à Proteção de Dados) na LGPD, podemos imaginar documentos semelhantes, já que a LGPD foi baseada no GDPR. Porém, cabe a ressalva de que, na provável regulamentação do documento a ser promovido pela ANPD, o assunto poderá evoluir de forma desconexa da sua imagem no GDPR.

Entretanto, como o inciso atualmente não apresenta detalhamento sobre o documento, só podemos atentar para: "XVII – relatório de impacto à proteção de dados pessoais: documentação do controlador que contém a descrição dos processos de tratamento de dados pessoais que podem gerar riscos às liberdades civis e aos direitos fundamentais, bem como medidas, salvaguardas e mecanismos de mitigação de risco".

Portanto, para iniciar um Relatório de Impacto à Proteção de Dados (RIPD), devemos ter em mente alguns pontos importantes como:

- Previsão de ser exigido quando o tratamento se basear no "legítimo interesse".
- Previsão de exigência pela ANPD, inclusive no caso de dados sensíveis do Poder Público.
- Indicação de requisitos mínimos para Relatório de Impacto.
- Previsão de regulamentação específica pela ANPD.

Infelizmente, a Constituição Federal define "privacidade" no inciso X do artigo 5º: "são invioláveis a intimidade, a vida privada, a honra e a imagem das pessoas, assegurado o direito a indenização pelo dano material ou moral decorrente de sua violação".

Ou seja: é um conceito vago, muito abrangente, que não especifica um escopo claro para o nosso relatório, apesar de encontrarmos na própria LGPD as seguintes referências:

a) Conceito

> Art. 5º Para os fins desta Lei, considera-se:
>
> XVII – relatório de impacto à proteção de dados pessoais: documentação

do controlador que contém a descrição dos processos de tratamento de dados pessoais que podem gerar riscos às liberdades civis e aos direitos fundamentais, bem como medidas, salvaguardas e mecanismos de mitigação de risco.

b) Previsão de exigência, quando o tratamento for baseado no legítimo interesse:

> Art. 10. O legítimo interesse do controlador somente poderá fundamentar tratamento de dados pessoais para finalidades legítimas, consideradas a partir de situações concretas, que incluem, mas não se limitam a:
>
> I – apoio e promoção de atividades do controlador; e
>
> II – proteção, em relação ao titular, do exercício regular de seus direitos ou prestação de serviços que o beneficiem, respeitadas as legítimas expectativas dele e os direitos e liberdades fundamentais, nos termos desta Lei.
>
> § 1º Quando o tratamento for baseado no legítimo interesse do controlador, somente os dados pessoais estritamente necessários para a finalidade pretendida poderão ser tratados.
>
> § 2º O controlador deverá adotar medidas para garantir a transparência do tratamento de dados baseado em seu legítimo interesse.
>
> § 3º A autoridade nacional poderá solicitar ao controlador relatório de impacto à proteção de dados pessoais, quando o tratamento tiver como fundamento seu interesse legítimo, observados os segredos comercial e industrial.

c) Previsão de exigência pela autoridade nacional, inclusive no caso de dados sensíveis do Poder Público:

> Art. 32. A autoridade nacional poderá solicitar a agentes do Poder Público a publicação de relatórios de impacto à proteção de dados pessoais e sugerir a adoção de padrões e de boas práticas para os tratamentos de dados pessoais pelo Poder Público.

d) Previsão de exigência pela autoridade nacional, inclusive no caso de dados sensíveis do controlador:

> Art. 38. A autoridade nacional **poderá** determinar ao controlador que elabore relatório de impacto à proteção de dados pessoais, inclusive de dados

> sensíveis, referente a suas operações de tratamento de dados, nos termos de regulamento, observados os segredos comercial e industrial.

e) Indicação de requisitos mínimos para o relatório de impacto:

> Parágrafo único. Observado o disposto no *caput* deste artigo, o relatório deverá conter, no mínimo, a descrição dos tipos de dados coletados, a metodologia utilizada para a coleta e para a garantia da segurança das informações e a análise do controlador com relação a medidas, salvaguardas e mecanismos de mitigação de risco adotados.

f) Previsão de regulamentação do relatório de impacto pela autoridade nacional:

> Art. 55-J. Compete à ANPD:
>
> XIII – editar regulamentos e procedimentos sobre proteção de dados pessoais e privacidade, bem como sobre relatórios de impacto à proteção de dados pessoais para os casos em que o tratamento representar alto risco à garantia dos princípios gerais de proteção de dados pessoais previstos nesta Lei.

Partindo dos requisitos de proteção de dados indicados no padrão da Norma ISO 27001, podemos fazer uma correlação entre os tipos de dados que coletamos e armazenamos, comparando o ambiente de segurança de informação da organização com o exigido pela Norma, para indicar os possíveis riscos no caso de não conformidade e quais medidas iremos implementar para sua respectiva mitigação.

De acordo com o GDPR, os DPIAs devem ser usados para avaliar os riscos a direitos e liberdades dos titulares de dados que resultam do processamento de dados, e o mesmo vale para o RIPD na LGPD. Eles podem ser particularmente relevantes na implementação de novos processos, sistemas ou tecnologias no ambiente de TI corporativo.

Os DPIAs e RIPDs também apoiam o princípio de responsabilidade do GDPR e o princípio da **responsabilidade** e **prestação de contas** da LGPD, ajudando as organizações a provar, respectivamente, que tomaram medidas técnicas e organizacionais apropriadas, quando preciso. A falha na condução adequada de um DPIA ou um RIPD, quando exigido, constitui uma violação da Lei e poderá resultar em penalidades administrativas e/ou multas.

Componentes de um RIPD ou DPIA

Como já vimos, não há especificações nas Leis de Proteção à Privacidade de como devemos elaborar um relatório desta natureza, permitindo que cada empresa crie seu próprio modelo, desde que este documento contemple os seguintes itens:

- Identificar a necessidade (justificativa).
- Descrever o fluxo de informações (*input* e *output*).
- Descrever a natureza, o escopo, o contexto e os propósitos do processamento (fundamentalmente, a base legal).
- Identificar os riscos para os direitos e liberdades dos titulares de dados (como a privacidade do titular seria ameaçada, neste processo).
- Identificar soluções para reduzir ou eliminar esses riscos (alternativas de mitigação do risco).
- Apresentar possíveis soluções de proteção de dados (quando cabível).

Quando deve ser conduzido um RIPD ou DPIA?

Sempre que o processamento de dados "possa resultar em um alto risco aos direitos e liberdades das pessoas físicas". Como a LGPD não deixa essa situação clara, citamos as três principais condições identificadas no GDPR:

1. Uma avaliação sistemática e abrangente de aspectos pessoais relacionados a pessoas físicas, que é baseada no processamento automatizado, incluindo a criação de perfis, e na qual as decisões são baseadas, que produzem efeitos legais relativos à pessoa natural ou afetam significativamente a pessoa natural.
2. Processamento de categorias especiais de dados ou dados pessoais relacionados a condenações criminais e crimes em larga escala.
3. Monitoramento sistemático de uma área de acesso público em larga escala.

Exemplos de processamento de dados pessoais em que um DPIA provavelmente será necessário:

- O armazenamento de dados genéticos e de saúde de seus pacientes no sistema de informação de um hospital.

- O arquivamento de dados sensíveis sob pseudônimo de projetos de pesquisa ou ensaios clínicos.
- A utilização de um sistema inteligente de análise de vídeo para identificar automóveis e reconhecer automaticamente a propriedade pelas placas.
- O monitoramento sistemático de atividades de seus funcionários, incluindo suas estações de trabalho e atividades na Internet.
- A coleta de dados de mídia social públicos para gerar perfis.
- Uma instituição que cria um banco de dados de classificação de Pessoas Politicamente Expostas (PPEs) em nível nacional.

O WP29 (Grupo de Trabalho do Artigo 29º), que foi agora substituído pelo EDPB (Conselho Europeu para a Proteção de Dados), foi responsável pela emissão de orientações e pareceres sobre os aspectos do RGPD. Suas diretrizes sobre os DPIAs estabelecem os critérios que as organizações devem considerar ao determinar os riscos representados por uma operação de processamento. Quanto mais critérios forem atendidos, mais provável será que o processamento apresente um alto risco a direitos e liberdades dos indivíduos e, portanto, exija um DPIA.

Se você deseja um modelo de DPIA, visite:

- https://iapp.org/media/pdf/resource_center/dpia-template.pdf
- https://www.itgovernance.co.uk/privacy-impact-assessment-pia

CAPÍTULO 35

O PULO DO GATO NA ANÁLISE DE BRECHAS (*GAP ANALYSIS*) DA LGPD

Um dos meus problemas pessoais é achar que as pessoas com quem converso sabem o que estou pensando e atropelo as ideias, deixando de explicar coisas que acho básicas. Para quem não me conhece, isso pode parecer até presunção. Para quem tem intimidade, gera um sorriso e um pedido: "dá para dizer o que você pensou com isso?". Então, deixe-me começar fazendo um "prefácio".

No início de 2019, quando surgiram dezenas de grupos de discussão da LGPD, a maioria conduzida por advogados, eu sempre enfrentei uma forte resistência e até mesmo críticas quando dizia que a LGPD não poderia ser encarada como "mais uma lei", pois era baseada na implementação de boas práticas de TI e SI, como o ITIL, o COBIT e principalmente a ISO 27001.

Porém, o termo "Lei Geral" dava o argumento de que as pessoas precisavam para me contestar. E acabei cansando de tentar explicar, deixando o tempo corrigir essa percepção, por bem ou por mal. Todavia, eu tinha certeza de que o estudo da Lei não atenderia à necessidade de conformidade integral.

Recentemente fui procurado por clientes de alguns (grandes e famosos) escritórios de advogados que saíram oferecendo serviços de adequação à LGPD e agora estão procurando outras empresas para terminarem de fazer o que deve ser feito. Ainda ouviremos muito sobre esses casos, pois, apesar de terem surgido da noite para o dia "advogados de privacidade", a verdade é que apenas alguns (dentre os quais cito nominalmente Adriano Mendes, de São Paulo, que respeito muito pela sua abordagem profissional, focada e objetiva) se destacaram e mostraram motivo para serem respeitados.

Em 1º de agosto de 2019, Adriano Mendes escreveu um artigo chamado "A LGPD e o mito do advogado que entende de dados" (imperdível se você está pensando em contratar um advogado para cuidar do assunto):

> Mesmo assim confesso que desde que começamos a implementar a GDPR em 2017, aprendemos e aprofundamos nossos conceitos sobre privacidade, finalidade e o que é razoável na equação entre tecnologia, segurança e orçamento. Mesmo com tanta bagagem e interesse na área, não me julgo especialista ou capaz de cobrir todas as nuances que a LGPD necessita.

E é essa humildade que mostra o quanto ele aprendeu e sabe.

Pois bem: você deve ter se interessado pelo "pulo do gato" na fase de diagnóstico situacional (análise de brechas ou *gap analysis*), certo? A resposta é simples: a quase totalidade dos escritórios de advogados aborda o assunto, comparando cada artigo da Lei com o ambiente do cliente.

Isso poderia ser válido para outra Lei qualquer, mas como o GDPR e a LGPD foram baseados em boas práticas de TI, SI e negócios, se a abordagem for pela letra pura da Lei, serão deixados aspectos técnicos e de negócios que são transparentes para o jurídico. E o Adriano Mendes percebeu isso!

Quer um exemplo? A Lei cita (mais ou menos assim): a organização que armazena dados privados deve garantir que não haja acesso externo indevido. Simples assim. Porém, para um especialista em SI, isso significa o seguinte: os dados estão armazenados no ambiente X e, além dos mecanismos de segurança convencionais, devemos realizar um Pentest (teste de invasão) para obter um laudo **evidenciando** que atendemos a esse requisito.

Se não ficou claro, vou dar outro exemplo, agora para o viés de um processo de negócio: atualmente é comum empresas de varejo pedirem o telefone do cliente para envio de promoções e ofertas. Não registram esse "consentimento". O número de celular é considerado dado privado, e o uso para envio de mensagens de teor comercial sem autorização é uma não conformidade.

Como uma análise de brechas, observando os artigos da Lei, identificaria uma situação de não conformidade dessa natureza? A resposta é: seria transparente para o profissional que estivesse conduzindo o processo, porque não aprendeu isso na faculdade e ele está preocupado com a interpretação da Lei, não com eventuais atividades dos processos de negócios que ferem a conformidade.

Até porque podem ser atividade informais, não mapeadas oficialmente na descrição dos processos de negócios da empresa!

Então, com base nos exemplos, a resposta é: para realizar uma análise de brechas em relação à LGPD, devemos, antes de tudo, escolher um *framework* de implementação, visando principalmente à obtenção dos mecanismos de controle exigidos pela LGPD e não os artigos da Lei em si.

Ao se obterem esses mecanismos, adequaremos o ambiente aos requisitos de conformidade e, além disso, obteremos as evidências de que precisamos, caso venha a ocorrer um incidente de vazamento de dados.

Isso tornará nossa abordagem mais eficiente, além de eficaz, gerando um plano de ação que poderá ser apresentado inclusive como um atenuante, comprovando a boa-fé da empresa e as ações de adequação que estão sendo providenciadas até agosto de 2020.

Se você olhar apenas os aspectos "de lei", provavelmente não vai enxergar quanto existe de não conformidade em simples atividades de negócios.

CAPÍTULO 36

VOCÊ SABE PLANEJAR UM PROJETO DE CONFORMIDADE À LGPD?

Toda semana recebo dezenas de mensagens fazendo consulta sobre a condução de um projeto de implementação de conformidade à LGPD. Todavia, uma mensagem me chamou a atenção por perguntar como planejar a implementação.

Todo mundo (inclusive eu) fala sobre conceitos, artigos, riscos, mas ninguém aborda "como é que eu vou fazer isso"? Como eu atuo com consultoria há 20 anos, estou tão condicionado que não preciso escrever cada uma das atividades ou etapas do projeto. Está na "veia".

Contudo, para quem nunca fez, vamos ao básico do básico sobre planejamento de projetos, que na essência se resume em cinco fases ou etapas:

1. Início

O gerente de projetos deve identificar quais informações serão necessárias coletar, dados prioritários, definição do escopo, limitação de prazo e custo. É a hora em que "enxergamos" o corpo do projeto, registrando premissas, critérios e o objetivo.

Nesta fase, nossa preocupação ainda não é com o resultado final, mas com os meios necessários para chegarmos ao nosso objetivo. Na prática, significa identificar os riscos que podem afetar nosso sucesso, como ameaças e requisitos iniciais. Em modelos tradicionais de projeto, essa fase envolve, por exemplo, o termo de abertura e a lista de partes interessadas, dentre outros recursos.

É nesta fase que tentamos alcançar uma visão geral das tarefas e dos trabalhos que serão necessários. Definido o propósito do projeto e seus objetivos, o gerente de projetos deve submeter essas informações à aprovação da(s) parte(s) interessada(s): seja de um patrocinador, um acionista e, até mesmo, entidades públicas ou órgãos fiscalizadores.

E, finalmente, devemos obter informações, mesmo que estimadas, sobre o orçamento, o cronograma e a necessidade de recursos que serão necessários, para serem conhecidas, discutidas e aprovadas.

2. Planejamento

Uma vez que nosso projeto tenha sido aprovado, precisamos detalhar mais as informações disponíveis. Estarmos nessa fase significa que nossa proposta foi aprovada e que há expectativa de atendermos aos nossos objetivos. Logo, devemos continuar a elaborar uma estrutura bem planejada para obter sucesso no nosso objetivo.

Modelos tradicionais estabelecem métricas para avaliação da evolução do projeto, desde uma abordagem de custos até o uso de recursos utilizados no atendimento às atividades previstas. Nem todos os projetos permitem utilizar os mesmos índices e, via de regra, a maioria acaba sendo efetivamente medida ao longo do projeto.

Existem alguns documentos utilizados para esta fase (estrutura analítica de projeto), utilizada para fracionar os entregáveis em partes menores e melhor gerenciáveis, o cronograma do projeto e outros planos.

A fase de planejamento requer modelos que prevejam o detalhamento e o aprodunfamento das informações utilizadas para obtermos uma visão mais precisa de recursos e prazos necessários a fim de atendermos ao nosso objetivo.

3. Execução

É a etapa de "mãos à obra": o foco é praticar o planejamento da forma mais precisa possível. Toda documentação gerada deve refletir as atividades previstas no planejamento, assegurando o atendimento das ações e o registro dos entregáveis. É importante a documentação do avanço, registrando as conclusões parciais de escopo, obtendo aprovação de cada uma delas.

Na execução, é muito comum ocorrerem mudanças, bem como nos requisitos de recursos e qualidade. O projeto deve estar preparado para assimilar e ajustar suas atividades, para manter o foco no atendimento de seus objetivos.

É óbvio que, nesta fase, o papel do gerente do projeto é acompanhar as atividades em vez de atuar como na etapa do planejamento. O gerente de projeto fica responsável pela supervisão da força de trabalho, disponibilizando e distribuindo os recursos necessários, e mantendo sua equipe informada sobre o andamento do projeto.

Durante o andamento do projeto, pode ocorrer a necessidade de intervenções para ajuste(s) entre o planejamento e a execução. É normal. Por isso, o gerente deve promover ajustes no planejamento inicial, para que situações referentes a prazo, orçamento ou riscos não interfiram no resultado final do projeto.

4. Monitoramento e controle

Estas atividades ocorrem simultaneamente com a execução, pois é a forma de assegurar o controle de qualidade das atividades, garantindo que esteja de acordo com o planejamento. Por isso, os documentos definidos para esta fase devem priorizar a medição do desempenho, essenciais para eventual tomada de decisão do gerente de projeto.

Estes documentos podem envolver gráficos de controle, indicadores de desempenho, cronogramas, descrição de ações corretivas e preventivas, dentre outras métricas exigidas pelo seu negócio.

Na sua maior parte, esta fase está relacionada com a aferição do desempenho do projeto e a evolução de atividades em relação ao plano de gerenciamento do projeto. Seria o acompanhamento do escopo e controle para verificar e gerenciar os avanços.

Por exemplo, o uso de KPIs (*Key Performance Indicator* – indicadores-chave de desempenho) ou métricas, seja em relação a custos, seja quanto ao tempo, pode indicar a necessidade de ajustes corretivos ou preventivos.

5. Finalização

Não é porque encerramos as atividades planejadas que a atenção ou os esforços terminam. Os modelos de projeto podem estar focados em duas opções: no termo de aceite pela parte interessada e no registro das lições aprendidas.

Devemos elaborar um documento que formalize o término do projeto e a produção dos entregáveis previstos, abrangendo todas as partes do escopo, isentando a equipe de projeto de futuras exigências ou pendências.

Também é o momento de documentar as lições proporcionadas pelo projeto, as experiências relevantes e as ações que tendem a contribuir para a execução de novos projetos. O gerente de projetos pode conduzir uma reunião final para a apresentação de resultados e informações gerais sobre a conclusão do projeto.

Se você é um PMO (Gerente de Projetos), nada disso é novidade. Porém, a própria LGPD traz na sua bagagem conceitos de boas práticas de TI e SI, que foram recepcionadas pela maioria das pessoas como novidades, apesar de contarem com mais de 20 anos de existência.

Provavelmente muitas pessoas estão sendo convocadas para assumir a missão de implementar os requisitos de privacidade, com a ideia de simplesmente atender à Lei, sem qualquer noção por onde começar.

Espero ter contribuído para a missão dessas pessoas, explicando de forma simples o "caminho das pedras" para executar um projeto.

CAPÍTULO 37

PROGRAMAS DE FIDELIDADE EM TEMPOS DE LGPD

Um programa de fidelidade é criado para atrair e manter clientes, de forma que comprem sempre e gastem mais. Essencialmente, essa é a principal razão para se oferecer recompensas de acordo com o consumo do cliente.

Ao longo do tempo, as empresas perceberam que seus cadastros de programa de fidelização poderiam se tornar fontes de receitas adicionais, desde que os registros fossem trabalhados (enriquecidos) de forma a identificar o perfil de cada um, as tendências de consumo e seu poder aquisitivo.

A partir desse ponto, empresas começaram a compartilhar e vender suas bases de dados a terceiros, transformando um cadastro criado para alavancar vendas como uma fonte de receita não operacional.

Com o advento da LGPD, muito do que era praticado para chegar a esse ponto passou a ser considerado não conformidade, sujeitando a empresa controladora dos dados às penalidades previstas: desde simples advertência até o bloqueio da base de dados, responsabilizando a alta gestão por eventual vazamento.

A LGPD não coíbe a existência desses programas, mas determina o atendimento aos seus requisitos, disciplinando o tratamento dos dados dos associados por meio do enquadramento das bases legais e da implementação de mecanismos para segurança da informação.

Ao pesquisar rapidamente pela Internet sobre a criação de programas de fidelidade, encontramos resumidamente alguns pontos comuns para a empresa que deseja fidelizar seus clientes:

- *Conhecer o cliente:* se você quer clientes que comprem com frequência e se identifiquem com a sua marca, precisa oferecer serviços e produtos **compatíveis com o perfil** de consumo do cliente.
- *Defina a recompensa:* quem sabe da importância desses tipos de recompensa não é a empresa, e, sim, o cliente. É fundamental **ouvir o consumidor** para obter um programa efetivo.
- *Defina as regras para pontuação:* além das compras, você deve premiar o cliente com outros tipos de ação. O consumidor que assiste a vídeos de produtos, baixa e utiliza seu aplicativo de celular, **segue e compartilha seus conteúdos nas redes sociais e se inscreve no seu** *blog* deve ser recompensado.
- *Explore possíveis parcerias:* programas de recompensas **compartilhadas** com outras empresas é uma grande opção para expor sua marca **a potenciais novos clientes** e agregar mais valor aos seus consumidores.
- *Mantenha os consumidores engajados:* sua comunicação deve focar **os interesses e as preferências dos clientes**. Por exemplo, se você vendeu cinco pares de sapatos sociais, pode vender mais, oferecendo uma promoção de meias sociais que combinem com os sapatos.
- *Automatize seu programa:* quanto mais automatizado for seu programa, mais fácil será **gerenciar e manter todas as informações de cada consumidor** nele cadastrado.

Softwares de CRM (*Customer Relationship Management* – Gestão de Relacionamento com Clientes), *e-mail* marketing e telemarketing proporcionam **informações da sua base de clientes** que podem ser utilizadas para criar comunicações personalizadas e aumentar as vendas da sua empresa.

As palavras grafadas em **negrito** indicam os pontos que devemos observar para garantir a conformidade do processo à LGPD.

Considerando esses itens, os maiores cuidados que devemos ter são:

- Mecanismo de coleta objetivo, claro e com uma base legal ou consentimento, bem definidos.
- Realizar a coleta **mínima** de dados, apenas para execução da nossa atividade.
- Ter o máximo cuidado no que tange ao **compartilhamento** de dados (especialmente quando formalizamos parcerias com outras empresas).
- Cuidados adicionais, caso tenhamos acesso e armazenamos dados de saúde, de qualquer natureza.
- Especial cuidado com práticas de enriquecimento da base, *profiling* ou análise de perfil.

Existem, ainda, cuidados adicionais que fazem parte de qualquer *framework* de conformidade à LGPD, mas que devem ser direcionados para o processo de fidelização:

- Inclusão do programa de fidelidade na política de privacidade da organização, indicando os maiores pontos de atenção.
- Identificar quais vulnerabilidades vão exigir maior evidências de conformidade, especialmente no que tange à solicitação de consentimentos específicos.
- Implementar mecanismo de gestão de consentimento, mandatório em um programa com grande número de clientes registrados.
- Garantir acesso aos participantes do programa, por meio de consulta, revisão, alteração e até exclusão de seus dados, a qualquer momento.
- Validar com a TI que os ativos de tecnologia utilizados (bancos de dados, controle de acesso etc.) estejam atualizados e devidamente configurados para minimizar falhas e brechas de segurança, especialmente o acesso indevido.
- Exigir que os requisitos de segurança de informação contemplem ativos, processos e procedimentos, de forma que a empresa possua evidências formais de atendimento e preocupação com privacidade de dados e segurança de informações.

Com o advento da LGPD, a manutenção de uma base de dados extensa criou um fator de risco antes inexistente. As empresas se tornaram fiéis depositárias das informações e não mais proprietárias. É fundamental que as empresas percebam isso e se preparem, a fim de impedir que eventuais falhas no processo acarretem penalidades por descuido.

Lembre que os requisitos de conformidade devem ser incorporados à rotina dos processos de negócios das empresas, e um bom programa de fidelidade bem estruturado pode se tornar uma das principais fontes de receitas.

Cabe ao gestor a garantia de implementação das recomendações anteriores, para evidenciar as ações de adequação promovidas e eventualmente sua defesa, no caso de um incidente de vazamento de dados.

Nem todo programa de fidelidade possui uma estrutura formal, dedicada à pontuação e premiação: muitas lojas realizam a coleta de telefones para envio de mensagens sobre descontos e promoções por WhatsApp ou *e-mail*, atuando informalmente como se fosse um programa de fidelidade.

Cuidado redobrado, pois, na falta de procedimentos formais, podem ocorrer vazamentos (vendedores copiando telefones de clientes cadastrados), que devem ser contidos.

Em tempo de LGPD, não basta olhar as "pedras de uma tonelada", mas atentar também para aquelas de cinco centímetros que nos fazem tropeçar.

DÚVIDAS COMUNS

1. O que são a LGPD e o GDPR?

São conjuntos de regras jurídicas, baseadas em boas práticas de tecnologia e segurança de informação, voltadas para procedimentos de coleta, armazenagem e processamento de dados pessoais, genericamente falando, independentemente de quem os realiza.

O GDPR europeu começou a vigorar em 20/05/2018 e a LGPD brasileira está em período de vacância, com previsão de entrada em vigor, com todos os efeitos, em 15/08/2020. Contudo, alguns de seus aspectos jurídicos começam a ser debatidos à luz do Marco Civil da Internet e, sobretudo, com o CDC, a exemplo do recente vazamento de dados da empresa Netshoes em que o MPDF negociou um Termo de Ajuste de Conduta (TAC), em vez de apenas multar a empresa.

É bom lembrar que as entidades brasileiras, públicas ou privadas, que possuem negócios com os países da comunidade europeia, são obrigadas a garantir que suas políticas de tratamento de dados estão em conformidade com o GDPR, sob o risco de penalidades, bem como perda de clientela, negócios, participação e credibilidade no no mercado europeu.

2. Como a LGPD vai impactar sua vida?

A LGPD terá um impacto tão significativo quanto o CDC.

Milhões de empresas brasileiras trabalham de forma direta ou indireta com dados pessoais de clientes. Para muitas, esses dados são vitais para o funcionamento do próprio negócio, como em bancos, seguradoras, vendas *on-line*. Não é exagero dizer que a segurança das informações dos consumidores é essencial para garantir todas as transações realizadas por essas companhias.

A legislação é categórica: todos os dados pessoais tratados por pessoas jurídicas de direito público e privado, cujos titulares estejam no território nacional, ou cuja coleta se deu no país, ou ainda que tenham por finalidade a oferta de produtos ou serviços no Brasil, devem estar em conformidade à LGPD.

Assim, não se trata de uma opção, mas uma obrigação das empresas a se adequarem à LGPD.

Essa situação vai permitir que os titulares de dados optem por contratar empresas preocupadas em proteger sua privacidade, trabalhando contra eventual violação de segurança ou vazamento de dados, ou deem as costas a outras, que nada fazem e que vão acabar perdendo clientes e participação no mercado, pelo descaso com o assunto.

Os comportamentos de empresas e clientes irão mudar drasticamente: as primeiras terão políticas e planos de proteção de dados eficientes e eficazes em relação à privacidade e segurança de informações de clientes e funcionários; já as pessoas observarão muito mais as condutas das empresas e estarão mais exigentes com o uso das informações fornecidas às empresas e entidades do governo.

3. Como garantir a privacidade?

Essa pergunta deve ocupar os debates jurídicos, técnicos e sociais nos próximos anos, pois o tráfego crescente de informação, uma cultura displiscente com segurança de informação e as várias formas de ataques e vazamentos de informações, afetam praticamente toda a iniciativa pública e privada.

Vemos repetidamente a exposição de dados pessoais em larga escala, mostrando as fragilidades dos ambientes de TI e SI, inclusive por parte de quem deveria fiscalizar a segurança nas operações: o Estado.

Empresas vítimas de incidentes de vazamento de dados são profundamente impactados, encurralando as empresas e instituições quanto ao dano reputacional, multas e sanções, perda de valor da marca, redução de participação no mercado e, fundamentalmente, perda de confiança dos clientes em geral, que deixarão de realizar negócios por ausência de segurança na guarda dos dados pessoais.

4. Por que a necessidade de uma lei para proteger os dados pessoais?

Porque se trata, fundamentalmente, da evolução da Lei para acompanhar a evolução tecnológica da sociedade. No Brasil, já existia a preocupação com a proteção de dados desde a Constituição Federal de 1988. O Marco Civil da Internet também reconhecia essa necessidade, ainda que não explicitamente. Em razão do amadurecimento do assunto em outros países com os quais o Brasil possui grande interesse no relacionamento comercial, surge a LGPD para regulamentar o assunto.

No Brasil existem cerca de 20 milhões de empresas. Destas, milhares (senão milhões) coletam, armazenam e processam dados pessoais de milhões de usuários e clientes. O que essas empresas fazem com esses dados? Estão armazenados em locais seguros? Como a privacidade desses dados pessoais é protegida? Há planos e protocolos para a minimização de danos em caso de exposição indevida, ataques ou incidentes de segurança envolvendo dados privados?

Essas e outras questões fazem parte da LGPD. A partir dela, toda e qualquer operação que envolva tratamento de dados pessoais no Brasil – seja no mundo virtual, seja no real, com grandes conglomerados ou pequenas empresas, sejam dados físicos ou digitais – terá de estar adequada à LGDP.

5. O que são as violações de dados?

Existem diversos tipos de ataques cibernéticos e todos os bancos de dados conectados à Internet estão expostos em diferentes níveis de vulnerabilidade. Um dos casos mais emblemáticos de negligência com informações foi a venda de dados de milhões de usuários do Facebook para a empresa britânica de marketing político Cambridge Analytics.

No Brasil tem-se a confirmação de vários casos recentes: o da Netshoes, do Banco Inter, dos detergentes Ypê e muitos outros.

O GDPR define violação de dados pessoais como "uma violação da segurança que provoca, de modo acidental ou ilícito, a destruição, a perda, a alteração, a divulgação ou o acesso, não autorizados, a dados pessoais transmitidos, conservados ou sujeitos a qualquer outro tipo de tratamento".

Mesmo que o incidente resulte apenas na visibilidade dos dados pessoais a terceiros, já se configura a violação na segurança pela referida pela Lei.

Assim, a empresa ou organização deve garantir que pode minimizar o risco de danos causados e responder satisfatoriamente às exigências das vítimas, dos órgãos fiscalizadores e da sociedade.

6. O que a LGPD protege?

Informações pessoais, sejam elas determinadas ou determináveis. Ou seja, dados que identifiquem uma pessoa ou que permitam chegar à sua identificação, tais como nome, sobrenome, *e-mail*, numeração de documentos e de cartões de crédito, dados bancários, informações médicas, localização, endereços de IP e os chamados "testemunhos de conexão", conhecidos como *cookies*.[1]

A LGPD prevê a proteção integral da liberdade de escolha dos titulares, quando se fala de informar seus dados privados, privacidade, segurança, consentimento expresso, acesso às suas informações e atendimento em um "prazo razoável", caso você deseje revisar, alterar ou excluir seus dados, quando cabível (à exceção de requisitos legais, como informações de funcionários pelas empresas, que devem ser mantidos, enquanto a empresa existir).

Aos titulares de dados (proprietários das informações) são garantidos os seguintes direitos: acesso a todos os seus dados pessoais, possibilitando (via simples requerimento) a retificação, a atualização, a eliminação, o bloqueio, a portabilidade (o encaminhamento de suas informações pessoais a outras empresas), a listagem das entidades públicas e privadas com as quais compartilhou seus dados, dentre outros. Sem prejuízo de eventual reparação de danos na Justiça.

A Lei não protegerá somente os dados pessoais digitais, mas igualmente aqueles oriundos de coletas feitas em papel, como fichas de cadastro e cupons promocionais. Dados coletados por intermédio de imagens e sons também estarão englobados por esta proteção.

---

[1] Comentário do autor: considero este critério muito vago (para não dizer impreciso), uma vez que podemos utilizar um computador público que coletou informações de dezenas ou centenas de pessoas, impedindo a identificação de um único usuário. Ou, no caso de número de telefone, a pessoa pode utilizar uma linha corporativa. Ou, no caso da placa do automóvel, pode estar usando um carro alugado ou, ainda, um transporte por aplicativo, como Uber.

7. Qual é o significado de "consentimento" para a Lei e sua relação com seus direitos?

O "consentimento" para a LGPD é a "manifestação livre, informada e inequívoca pela qual o titular concorda com o tratamento de seus dados pessoais para uma finalidade determinada". É uma das opções que viabilizam as operações de tratamento dos dados de um indivíduo.

Por essa razão, os titulares de dados devem ter acesso e de forma expressa, clara, com linguagem acessível a todas as informações acerca do tratamento que seus dados terão, tais como: a finalidade para a qual estão sendo coletados; o meio de captura; o período de tempo em que ficarão armazenados; a identificação do controlador com o respectivo contato; se serão compartilhados com terceiros e quais as responsabilidades dos agentes que realizarão o tratamento; dentre outras.

É garantida ao titular dos dados a retirada ou revogação do consentimento, bem como, havendo mudança na finalidade dos dados coletados originalmente, efetuar solicitação de novo consentimento. Igualmente, o titular tem o direito de corrigir ou alterar seus dados. Tais opções à disposição do usuário ou cliente devem ser facilitadas e disponibilizadas gratuitamente.

O famoso "clique aqui para finalizar o seu cadastro" e, em seguida, "clicando aqui você concorda com os termos de uso e política de privacidade" já não deverá terminar nisso. O usuário ou cliente precisa dar seu consentimento, por exemplo, marcando uma caixa de diálogo específica, após a oferta de acessar a respectiva política de privacidade.

8. Como saber se seus dados pessoais estão seguros?

Segurança é, antes de tudo, um estado temporário obtido com a implementação de mecanismos de controle. Não existe "segurança para sempre", uma vez que a tecnologia e as técnicas de ciberataques evoluem constantemente e mais rápido que as proteções.

A utilização de instrumentos tecnológicos para proteção de dados pessoais é, antes de tudo, uma obrigação da empresa que pretende ou precisa coletar e processar estas pessoais.

Fundamentalmente, a implementação de boas práticas, orientadas por políticas específicas para segurança de informação e proteção de privacidade, potencializa a proteção tecnológica, uma vez que, sendo bem divulgada, melhora a cultura organizacional no que tange à segurança e privacidade de dados e informações pessoais.

9. O que faço para denunciar práticas irregulares ou ilegais?

Qualquer titular de dados pessoais poderá peticionar contra a entidade pública ou privada que controle seus dados aos órgãos encarregados de privacidade. Atualmente podem-se formalizar denúncias no *site* do MPDF, e em breve à ANPD, acerca de violação das normas de proteção de dados.

Por fim, em casos de irregularidades, inconformidades legais ou atos ilícitos, o titular dos dados também poderá optar por exercer seus direitos em juízo, caso haja a necessidade da reparação pelos danos materiais ou morais sofridos.

10. O que é a Autoridade Nacional de Proteção de Dados (ANPD)? Para que serve?

Foi criada pela MP 869/2018 como parte da Política Nacional de Proteção de Dados Pessoais e Privacidade. Trata-se de um órgão da administração pública indireta, vinculado à Presidência da República com os objetivos de: elaboração de diretrizes; fiscalização e aplicação de penalidades; promoção e divulgação das normas e políticas públicas sobre proteção de dados pessoais e medidas de segurança; e promoção de ações de cooperação com autoridades de proteção de dados pessoais de outros países.

11. Quem são os agentes responsáveis pelo tratamento de dados pessoais e quais as suas funções e responsabilidades?

A legislação brasileira elenca o rol de sujeitos, encargos e responsabilidades dos chamados "agentes de tratamento". São eles:

- Controlador: pessoa natural ou jurídica, de direito público ou privado, a quem interessa a coleta de dados pessoais, tomando as decisões referentes ao tratamento que será utilizado. Uma empresa ou um órgão do Estado que detenha um acervo de dados pessoais é exemplo de controlador.
- Operador: pessoa natural ou jurídica, de direito público ou privado, que realiza o tratamento de dados pessoais em nome do controlador. Um exemplo de operador seria um portal para emissão de notas fiscais ou aplicativo via *web*, subcontratado pelo controlador, para executar o tratamento dos dados por aqueles coletados ou que lhe interessa processar.

Para ambos, a Lei atribui importantes encargos, tais como: a guarda e a manutenção de registros das operações de tratamento que realizarem; a elaboração de relatórios de impacto; a comunicação à ANPD e ao titular dos dados em caso de incidente de segurança que possa acarretar risco ou dano; a implementação de boas práticas e governança; entre outros.

Quanto às responsabilizações, os agentes de tratamento respondem solidariamente quando causam dano patrimonial, moral, individual ou coletivo, diante da violação à legislação de proteção de dados pessoais, e são, obrigados à reparação. São responsabilizados também quando deixam de adotar as medidas de segurança previstas na legislação, em casos de violação da segurança por terceiros, dando causa aos danos.

Os agentes só não respondem quando provarem que não realizaram o tratamento a eles atribuído; que, embora tenham realizado, não houve violação à legislação; ou que o dano decorre de culpa exclusiva do titular dos dados ou de terceiros.

O encarregado de proteção de dados (*data privacy officer* no GDPR) é uma função de interface entre os titulares dos dados pessoais, os controladores de dados, os operadores e as entidades públicas responsáveis por privacidade: o MPDF (atualmente) e a ANPD, atuando como um canal de comunicação entre esses. Essa função é fundamental para que a empresa seja suportada de forma consistente no processo de adequação, implementando os requisitos de conformidade à Lei e adequado *compliance* institucional.

12. Relações entre a LGPD, o Marco Civil da Internet e o Cadastro Positivo

A LGPD complementa o escopo legal do Marco Civil da Internet no que tange aos direitos e as garantias, tais como a liberdade de expressão, a proteção à privacidade e a segurança das informações pessoais.

A incidência de aplicação da LGPD nas relações entre clientes e empresas tende a melhorar os serviços, tornando-os eticamente sustentáveis e facilitando os canais de comunicação entre todos os envolvidos.

Sobre o Cadastro Positivo, haverá a necessidade de adaptação à LGPD, pois, na Lei do Cadastro (e a alteração legislativa proposta pelo PLP nº 441/17), existirá o compartilhamento de diversas informações pessoais reunidas de fontes distintas (dados bancários e creditícios, da Receita Federal, de concessionárias etc.) de forma compulsória, a menos que o consumidor expresse o contrário.

Ainda que se imaginem os aspectos positivos do cadastro, como a disponibilização de crédito mais barato e acessível, as empresas terão – em um único acervo – milhões de dados pessoais de cidadãos, com todos os riscos de exposições, vazamentos e ilícitos.

É plausível antever a possibilidade de demandas à ANPD e/ou ao Poder Judiciário, com base no CDC, por dificuldades na exclusão, ou ainda, irregularidades ou violações às normas da LGPD.

FAQ ou "O que você gostaria saber sobre privacidade"

Como o assunto é recente, a maioria das pessoas lida com situações envolvendo privacidade de dados constantemente, sem saber.

Desde o início de 2019 tenho atuado junto a empresas de diversos portes e diferentes segmentos, colecionando dúvidas das pessoas, não apenas sobre a conformidade corporativa, mas nas suas rotinas diárias.

Então aqui segue um conjunto de perguntas e conceitos que geralmente despertam dúvidas e que certamente lhes será útil.

Frequento uma Igreja que pediu meu endereço e telefone. Ela precisa se adequar à LGPD?

No caso de empresas de saúde e entidades religiosas, mesmo sem fins lucrativos, as informações que são coletadas passam a ser consideradas sensíveis, de acordo com a LGPD, sujeitas a regime especial de tratamento.

Desejo fazer uma lista de aniversário dos funcionários da empresa: ela está sujeita à LGPD?

A LGPD não se aplica à coleta de dados pessoais para uso privado e sem finalidade comercial, nem compartilhamento.

Existem exceções à LGPD?
Sim, além da citada na pergunta anterior, são permitidas exceções em caso de interesse público, segurança nacional, objeto de estatística ou pesquisa científica sem fins comerciais, tutela de saúde e outros casos específicos, que devem surgir com as atividades da ANPD.

Pessoas físicas estão sujeitas ao cumprimento da LGPD?
Sim, a partir do momento em que realizam coleta e processamento de informações privadas com objetivo comercial.

Pessoas mortas podem ser vítimas de quebra de privacidade?
Existe um enorme conflito jurídico a esse respeito, que esperamos ser sanado com o início da ANPD: no GDPR, existe o anúncio explícito de que a quebra de privacidade não se aplica aos mortos, enquanto na LGPD se aplica a todas as pessoas naturais (vivas). Porém, o Código Civil Brasileiro reconhece o direito dos mortos, entrando em conflito direto com a LGPD.

Posso comprar bancos de dados?
Sim, **desde que** haja garantia de que os titulares registrados tenham consentido com o compartilhamento de suas informações. É vedado o compartilhamento de dados privados sem comunicado prévio da finalidade, aos seus titulares.

Posso comercializar dados públicos de pessoas?
Se são dados públicos, não podem ser comercializados. Se houver coleta de dados públicos com objetivo comercial, estes só poderão ser compartilhados com conhecimento ou autorização prévia dos titulares.

Posso usar informações dos meus clientes para estatística?
Sim, desde que estejam anonimizados ou que sejam apenas daquelas das quais se deseja extrair estatísticas, tais como frequência de chamados, tipos de serviço, quantidade de atendimentos etc. A estatística com identificação do titular só é possível mediante o respectivo consentimento.

Posso compartilhar informações dos meus clientes com terceiros?

Sim, mediante conhecimento e autorização prévia dos titulares, ou com base legal (por exemplo, na prestação de contrato ou interesse público). O compartilhamento de informações privadas sem conhecimento e/ou consentimento do seu titular é passível de indenizações e penalidades.

Posso coletar dados privados de redes sociais?

Sim, para fins pessoais, desde que não haja finalidade comercial.

Posso enviar malas diretas para meus clientes?

Sim, desde que haja consentimento ou de *opti-in* (autorização para envio de mensagens).

Minha empresa pode ligar para listas de clientes de parceiros, oferecendo meus produtos?

Sim, desde que haja prévio conhecimento e consentimento dos titulares para compartilhamento de suas informações com sua empresa.

GLOSSÁRIO

Agentes de tratamento: o controlador e o operador. Algumas fontes incluem o próprio titular, pois tem o direito de interagir com o controlador, bem como o próprio encarregado de dados.

Anonimização: descaracterização da identidade do titular de dados, por meio de ferramenta tecnológica no momento do tratamento, pela qual um dado perde a possibilidade de associação, direta ou indireta, a um indivíduo.

Autoridade Nacional de Proteção de Dados (ANPD): órgão da administração pública responsável por zelar, implementar e fiscalizar o cumprimento da LGPD em todo o território nacional.

Banco de dados: conjunto estruturado de dados pessoais, estabelecido em um ou em vários locais, em suporte eletrônico ou físico.

Bloqueio: suspensão temporária de qualquer operação de tratamento mediante guarda do dado pessoal ou do banco de dados.

Cláusula de privacidade: mecanismo no qual são estipuladas variáveis que devem ser objeto de atenção, no que diz respeito à LGPD, especialmente na exigência de requisitos de proteção e segurança de informações, tanto por parte do contratado, quanto do contratante.

Consentimento: manifestação livre, informada e inequívoca pela qual o titular concorda com o tratamento de seus dados pessoais para uma finalidade determinada.

Controlador: pessoa natural ou jurídica, de direito público ou privado, a quem competem as decisões referentes ao tratamento de dados pessoais.

Criptografia: construção e análise de protocolos que impedem terceiros, ou o público, de lerem mensagens privadas.

Dado anonimizado: dado relativo a titular que não possa ser identificado, considerando a utilização de meios técnicos razoáveis e disponíveis na ocasião de seu tratamento.

Dado pessoal: informação relacionada à pessoa natural identificada ou identificável.

Dado pessoal de criança e de adolescente: o Estatuto da Criança e do Adolescente (ECA) considera criança a pessoa até 12 anos de idade incompletos e adolescente aquela entre 12 e 18 anos de idade. Em especial, a LGPD determina que as informações sobre o tratamento de dados pessoais de crianças e adolescentes deverão ser fornecidas de maneira simples, clara e acessível de forma a proporcionar a informação necessária aos pais ou ao responsável legal e adequada ao entendimento da criança.

Dado pessoal sensível: dado pessoal sobre origem racial ou étnica, convicção religiosa, opinião política, filiação a sindicato ou a organização de caráter religioso, filosófico ou político, dado referente à saúde ou à vida sexual, geolocalização, dado genético ou biométrico, quando vinculado a uma pessoa natural.

Dado público: aquele cujo acesso é de domínio público e cuja finalidade geralmente não é comercial, mesmo sendo um requisito legal.

Dados estruturados: dados organizados de forma que possam ser recuperados. É como se fossem etiquetas, linhas e colunas que identificam diversos pontos sobre a informação contida e tornam o trabalho da tecnologia bem simplificado. A maioria das empresas trabalha com eles há décadas. Embora não sejam a maior fatia do conteúdo produzido, eles são o que existe – ou existia – de melhor para tirar conclusões e fazer processos fluírem.

Dados não estruturados: dados armazenados sem uma estrutura específica, mas que contêm informações, tais como arquivos de imagem, som e texto.

***Data privacy officer* (DPO):** ver *encarregado de dados*.

Eliminação: exclusão de dado ou de conjunto de dados armazenados em banco de dados, independentemente do procedimento empregado.

Encarregado de dados: função definida pelas Leis de privacidade para ser exercida por pessoa indicada pelas empresas para atuar como canal de comunicação entre o controlador, os titulares dos dados e a ANPD. O mesmo que *data privacy officer* (DPO).

Garantia da segurança de dados: ver *gestão da segurança da informação*.

Geolocalização: é a identificação da localização geográfica de uma pessoa, por meio de dispositivo ou sistema (aplicativo ou *software*).

Gestão da segurança da informação: capacidade de sistemas e organizações de manter e sustentar a disponibilidade, a integridade, a confidencialidade e a autenticidade da informação, garantindo a privacidade de dados. A Política Nacional de Segurança da Informação (PNSI) dispõe sobre a governança da segurança da informação aos órgãos e às entidades da administração pública federal em seu âmbito de atuação. O mesmo que *garantia da segurança de dados*.

Interoperabilidade: capacidade de sistemas e organizações operarem entre si. A autoridade nacional poderá dispor sobre padrões de interoperabilidade para fins de portabilidade, além dos padrões de interoperabilidade de governo eletrônico (ePING).

Inventário de dados: identificação e mapeamento das bases de dados existentes no ambiente em que se deseja atuar.

Operador: pessoa natural ou jurídica, de direito público ou privado, que realiza o tratamento de dados pessoais em nome do controlador.

Órgão de pesquisa: órgão ou entidade da administração pública direta ou indireta ou pessoa jurídica de direito privado sem fins lucrativos legalmente constituída sob as leis brasileiras, com sede e foro no país, que inclua em sua missão institucional ou em seu objetivo social ou estatutário a pesquisa básica ou aplicada de caráter histórico, científico, tecnológico ou estatístico.

Relatório de impacto à proteção de dados pessoais: documentação do controlador que contém a descrição dos processos de tratamento de dados pessoais que podem gerar riscos às liberdades civis e aos direitos fundamentais, bem como medidas, salvaguardas e mecanismos de mitigação de risco.

Termo de consentimento: mecanismo formal pelo qual o titular dos dados autoriza a coleta e processamento de suas informações pessoais.

Titular: pessoa natural a quem se referem os dados pessoais que são objeto de tratamento.

Transferência internacional de dados: transferência de dados pessoais para país estrangeiro ou organismo internacional do qual o país seja membro.

Tratamento: toda operação realizada com dados pessoais, como as que se referem a:

- Acesso: possibilidade de comunicar-se com um dispositivo, meio de armazenamento, unidade de rede, memória, registro, arquivo etc., visando receber, fornecer ou eliminar dados.
- Armazenamento: ação ou resultado de manter ou conservar em repositório um dado.
- Arquivamento: ato ou efeito de manter registrado um dado, embora já tenha perdido a validade ou tenha sido esgotada a sua vigência.
- Avaliação: ato ou efeito de calcular valor sobre um ou mais dados.
- Classificação: maneira de ordenar os dados conforme algum critério estabelecido.
- Coleta: recolhimento de dados com finalidade específica.
- Comercialização: venda de informações ou bases de dados pessoais. O mesmo que *venda*.
- Comunicação: transmitir informações pertinentes a políticas de ação sobre os dados.
- Controle: ação ou poder de regular, determinar ou monitorar as ações sobre o dado.
- Cópia: duplicação ou multiplicação de um dado ou base de dados.
- Difusão: ato ou efeito de divulgação, propagação, multiplicação dos dados.

GLOSSÁRIO 181

- Distribuição: ato ou efeito de dispor de dados de acordo com algum critério estabelecido.
- Eliminação: ato ou efeito de excluir ou destruir dado do repositório.
- Extração: ato de copiar ou retirar dados do repositório em que se encontravam.
- Impressão: registro de informações digitais em meio físico, geralmente papel.
- Manuseio: alteração de um dado ou base de dados, com um objetivo específico.
- Modificação: ato ou efeito de alteração do dado.
- Processamento: ato ou efeito de processar dados.
- Produção: criação de bens e de serviços a partir do tratamento de dados.
- Recepção: ato de receber os dados ao final da transmissão.
- Reprodução: cópia de dado preexistente obtido por meio de qualquer processo.
- Transferência: mudança de dados de uma área de armazenamento para outra, ou para terceiro.
- Transmissão: movimentação de dados entre dois pontos por meio de dispositivos elétricos, eletrônicos, telegráficos, telefônicos, radioelétricos, pneumáticos etc.
- Utilização: ato ou efeito do aproveitamento dos dados.
- Venda: o mesmo que *comercialização*.

Uso compartilhado de dados: comunicação, difusão, transferência internacional, interconexão de dados pessoais ou tratamento compartilhado de bancos de dados pessoais por órgãos e entidades públicas no cumprimento de suas competências legais, ou entre esses e entes privados, reciprocamente, com autorização específica, para uma ou mais modalidades de tratamento permitidas por esses entes públicos, ou entre entes privados.

MODELOS SIMPLIFICADOS DE POLÍTICA DE PRIVACIDADE

Para *websites*:

Política de privacidade

Nossa política de privacidade está disponível no endereço www.os10mandamentosdalgpd.com.br/privacidade para conhecimento de quem acessa nosso *website* ou troque mensagens conosco, a fim de tomar ciência dos nossos procedimentos relativos a coleta, uso e divulgação de suas informações.

Este documento também descreve as opções disponíveis para você em relação ao uso, seu acesso e como atualizar e corrigir suas informações pessoais. Observe que combinamos as informações que coletamos de você pelo *site*, pela prestação do serviço ou *off-line*.

1. Uso de serviço

Informamos que os dados pessoais coletados podem ser incluídos em um ou vários arquivos, pelo qual somos responsáveis, a fim de gerenciar a transmissão das informações solicitadas e disponibilizar aos Titulares dos Dados serviços que possam lhes interessar.

O objetivo desses arquivos é exclusivamente oferecer suporte de informações para a gestão administrativa e comercial da nossa empresa.

O usuário deste serviço reconhece que as informações e os dados pessoais fornecidos são precisos e verdadeiros, comprometendo-se a comunicar imediatamente qualquer modificação de seus dados pessoais para que as informações contidas no referido arquivo sejam atualizadas constantemente e mantidas sem erros.

Podemos atualizar esta política de privacidade a qualquer momento e quaisquer alterações entrarão em vigor após a publicação. Caso ocorram alterações materiais de como tratamos suas informações pessoais, forneceremos um aviso antes da alteração se tornar efetiva.

Última atualização: 28 de dezembro de 2019.

2. Coleta e processamento de dados

Durante o uso do serviço, podemos solicitar ou coletar informações que o identifiquem como um indivíduo específico e possam ser usadas para contatá-lo ou identificá-lo.

Quando você visita o *site* www.os10mandamentosdalgpd.com.br, podemos coletar informações sobre sua visita. Essas informações podem incluir o tipo e as características do dispositivo utilizado, sistema operacional, navegador utilizado para visitar nosso *site*, o endereço IP que conecta seu dispositivo à Internet, país, idioma e fuso horário, como você usa nosso *site*, as páginas visitadas, o fluxo de cliques para, através/no *site* e informações de interação de páginas.

Usaremos esses dados apenas para avaliações estatísticas da nossa operação, melhoria de navegação, ofertas diferenciadas, segurança e otimização dos serviços do nosso *website*. Entretanto, reservamo-nos o direito de revisar os dados posteriormente, se indicações específicas criarem suspeitas justificadas de uso ilegal.

Ao se registrar, você nos fornece suas informações ("Informações do usuário"), que podem incluir seu nome, detalhes de contato (como *e-mail*, telefone e outros) e documentos pessoais.

Além disso, ao criar um perfil de usuário para o uso de nossos serviços ou contato, outros dados, como preferências de disponibilidade, podem ser coletados e salvos, podendo ser alteradas/revisadas a qualquer momento, quando solicitado pelo usuário.

ATENÇÃO: CONFIRMAR SE USAM *COOKIES*. SE NÃO USAR, DELETAR ITEM 3 ABAIXO.

3. Política de *cookies*

Cookies são arquivos de texto contendo pequenas quantidades de informações, que são baixadas para o seu dispositivo de navegação (como um computador ou *smartphone*) quando você visita um *site*. Os *cookies* podem ser reconhecidos pelo *site* que os baixou – ou outros *sites* que usam os mesmos *cookies*.

Ao utilizar o *site*, você concorda com a utilização dos *cookies* descritos nesta política. Você pode impedir o uso dos *cookies*, alterando as configurações no seu navegador (mais informações sobre como fazer isso, descritas a seguir).

Usamos arquivos de *cookies* para execução de diferentes tarefas, como ajudar-nos a entender como o *site* está sendo usado, permitindo que você navegue entre as páginas de maneira eficiente, lembrando suas preferências e melhorando sua experiência de navegação com um conteúdo mais relevante para você e seus interesses, declarados ou inferidos.

3.1. *Cookies* utilizados pelo www.os10mandamentosdalgpd.com.br

Podemos usar três tipos de *cookies*:

- *Cookies* **funcionais:** esses *cookies* são essenciais, pois permitem que você navegue pelo *site* e use seus recursos como o acesso a áreas seguras. Sem eles teríamos dificuldade de manter um desempenho estável do nosso *site*.

- *Cookies* **analíticos:** esses *cookies* nos permitem reunir estatísticas anônimas sobre as visitas ao *site*, detectar possíveis *links* com problema ou comportamentos inesperados, aprender sobre o conteúdo e os recursos que são preferidos pelos nossos visitantes, sugerindo a melhor experiência possível e prática para eles. Para isso, usamos o serviço universal do Google Analytics.

- **Cookies sociais, de preferências e de segmentação:** isso inclui todos os *cookies* que não se enquadram nas duas categorias anteriores. Atualmente, além dos *cookies* já mencionados, usamos o *plug-in* de compartilhamento AddThis, que pode coletar e compartilhar dados com a Oracle.

Sobre a segmentação de *cookies*: podemos usá-los para exibir anúncios que sejam mais relevantes para você e seus interesses. Eles também são usados para limitar o número de vezes que você vê um anúncio, além de ajudar a medir a eficácia de uma campanha publicitária. Eles lembram que você visitou um *site*, e essas informações podem ser compartilhadas com outras organizações, como anunciantes. Isso significa que, depois de ter estado no *site*, poderá ver alguns anúncios sobre os nossos serviços em outro local da Internet.

O período de tempo que um *cookie* ficará no seu dispositivo de navegação depende de cada *cookie*. Existem *cookies* "persistentes" e "de sessão". Os c*ookies* de sessão só permanecerão no seu dispositivo até que você pare de navegar. Os *cookies* persistentes permanecem em seu dispositivo de navegação até que eles expirem ou sejam excluídos.

3.2. Como controlar e excluir *cookies* por meio do seu navegador

O navegador que você está usando para visualizar o *site* pode ativar, desativar ou excluir *cookies*. Para fazer isso, siga as instruções fornecidas pelo seu navegador (normalmente localizado dentro de "Ajuda", "Ferramentas" ou "Editar"). Note que, se definir o seu navegador para desativar os *cookies*, poderá ter dificuldade ou não conseguir acessar determinadas partes do *site*. Outras partes do *site* também podem não funcionar corretamente.

Você pode encontrar mais informações sobre como alterar as configurações de *cookies* do seu navegador em www.allaboutcookies.org.

MODELOS SIMPLIFICADOS DE POLÍTICA DE PRIVACIDADE 187

Nesse *site*, também existe uma lista de referências que você pode usar para obter informações sobre como controlar o comportamento dos *cookies* nos principais navegadores.

Esses *links* ou seu conteúdo podem ser modificados a qualquer momento pelas empresas proprietárias e gerenciadoras desses navegadores:

- Microsoft Edge.
- Google Chrome.
- Internet Explorer.
- Mozilla Firefox.
- Safari.

4. Uso de seus dados

Por que usamos os dados que você nos fornece:

- Para fornecer e melhorar nossos serviços, conclua suas transações, responda suas dúvidas, processe seu registro, verifique se as informações fornecidas são válidas e se estão de acordo com os objetivos comerciais e internos.
- Para contatá-lo com comunicados administrativos e boletins informativos, materiais de marketing ou promocionais e outras informações que possam ser de seu interesse. Se você decidir a qualquer momento que não deseja mais receber essas comunicações, poderá definir suas preferências por meio da opção de configuração do menu da sua conta ou conforme definido na seção a seguir "Suas opções e exclusão".
- Para personalizar o conteúdo, exibimos a você ofertas, tanto do serviço quanto de outras opções *on-line*.
- Administrar e desenvolver nosso relacionamento com você.
- Para fazer cumprir e cumprir a lei, inclusive no suporte a uma investigação, para proteger a propriedade e os direitos da www.os10mandamentosdalgpd.com.br ou de terceiros, para proteger a segurança do público ou de qualquer pessoa, ou para prevenir ou interromper a

atividade que consideramos ser ou efetivamente representar um risco de atividade ilegal, fraudulenta, antiética ou legalmente acionável.

5. Direitos do usuário sobre dados

Como usuário, você tem o direito de acessar todos os dados que se referem a você que estejam sendo processados pelo www.os10mandamentosdalgpd.com.br. Você tem o direito de correção, revogação e divulgação de seus dados, bem como o direito de solicitar a remoção de seus dados pessoais.

Contanto que você não solicite a exclusão de seus dados, os dados fornecidos serão retidos enquanto suas informações forem necessárias para fornecer nossos serviços, evitar fraudes, cumprir nossas obrigações legais, para arbitragem ou executar nossos contratos.

Você pode modificar seus dados pessoais a qualquer momento a partir de sua conta de perfil ou entrando em contato conosco via *e-mail*. Você pode fazer isso entrando em contato conosco por meio do endereço de *e-mail* contato@os10mandamentosdalgpd.com.br ou para solicitar a remoção de seus dados pessoais, se for o caso.

No entanto, esteja ciente de que podemos ser legalmente obrigados a armazenar e não excluir tais dados (ou que podemos armazenar tais dados por um determinado período, embora implementemos sua solicitação de exclusão assim que o período de armazenamento obrigatório expirar).

5.1. Direito de revogação

Como usuário, você tem o direito de revogar a permissão para o uso de seus dados, processamento ou transmissão realizados por nossa empresa a qualquer momento, comunicando-se conosco diretamente ou por *e-mail*. Para isso, o usuário pode entrar em contato conosco pelo contato@os10mandamentosdalgpd.com.br.

Ao se referir a uma solicitação de revogação, temos o compromisso de excluir todos os dados do usuário armazenados por nós, sem atrasos. No entanto, podemos manter esses dados, se necessário, para a implementação de uma relação contratual.

Após a sua solicitação de exclusão, suas informações pessoais podem permanecer em nossos arquivos e persistir internamente com uma ID anônima para fins estatísticos ou administrativos. Além disso, normalmente não removeremos as informações que você editou publicamente em nossos serviços de colaboração.

5.2. Direito de divulgação

O titular dos dados possui o direito de obter gratuitamente do responsável pelo tratamento de suas informações uma confirmação de que os seus dados pessoais estão sendo processados e, se for o caso, acessar as informações coletadas. Para tal divulgação, o usuário pode entrar em contato com contato@os10mandamentosdalgpd.com.br.

5.3. Direito de retificação

O titular dos dados tem o direito de obter do responsável pelo tratamento, sem demora injustificada, a retificação de quaisquer dados pessoais incorretos. Tendo em conta os fins do tratamento, o titular dos dados tem o direito de fornecer dados pessoais incompletos, incluídos por meio de uma declaração suplementar.

5.4. Suas opções e exclusão

Os usuários registrados em nosso *website* podem atualizar suas escolhas em relação aos tipos de comunicações que desejam receber por meio das opções de configuração, no menu do perfil. Os usuários também podem optar por não receber *e-mails* de assuntos que não lhes interessem, seguindo as instruções de cancelamento fornecidas nessas comunicações.

Observe que nos reservamos o direito de lhe enviar determinadas comunicações relacionadas à sua conta ou ao uso do serviço (por exemplo, anúncios administrativos e de serviço) por *e-mail* e outros meios, e essas mensagens de conta transacional podem não ser afetadas se você optar por não receber comunicações de marketing.

6. Proteção de seus dados

Informamos possuir as salvaguardas técnicas e organizacionais de segurança necessárias para garantir a proteção de seus dados pessoais para evitar qualquer alteração, perda, processamento e/ou acesso não autorizado, levando em consideração o estado da tecnologia, o tipo de dados armazenados e os riscos a que estão expostos, sejam eles provenientes de ações humanas ou do ambiente físico ou natural, de acordo com as disposições da lei em vigor.

7. Aviso sobre divulgação de informações

Podemos fornecer a você a oportunidade de participar e postar conteúdo publicamente em serviços colaborativos, como fóruns da comunidade, postagens em *blogs*, seminários *on-line*, sessões de treinamento ou outros serviços que oferecemos ou venham a ser disponibilizados.

Você pode escolher, por meio desses serviços, enviar ou postar perguntas, comentários ou outro conteúdo. Observe que determinadas informações, como seu nome e perfil, podem ser exibidas publicamente no serviço, junto com o conteúdo publicado. Por favor, note que o uso desses serviços está sujeito aos Termos e Condições de uso.

Tenha em atenção que tudo o que publicar em um serviço colaborativo pode tornar-se público: outras pessoas terão acesso ao seu conteúdo e autoria publicados, podendo utilizá-lo ou compartilhá-lo com terceiros.

Se você optar por divulgar voluntariamente informações pessoais no conteúdo publicado, essas informações serão consideradas informações públicas, e as condições desta política de privacidade não serão aplicadas.

Para solicitar a remoção de suas informações pessoais, entre em contato conosco pelo contato@os10mandamentosdalgpd.com.br. Em alguns casos, talvez não consigamos remover suas informações pessoais. Se isso ocorrer, nós o informaremos da ocorrência e dos motivos.

8. Contato de proteção de dados

De acordo com a LGPD (Lei Geral de Proteção de Dados – Lei nº 13.709/2018), fornecemos a informação detalhada sobre proteção de dados a seguir:

Controlador de dados:
Nome da companhia: EPOKA TECNOLOGIA RISCOSS E NEGOCIOS LTDA.
CNPJ: XX.XXX.XXX/XXXX-XX
Endereço: Rua XXXXXX XXX/XXXX - Rio de Janeiro, RJ
Telefones: +55 21 2543 6000 / 98154 9940
Email: contato@os10mandamentosdalgpd.com.br

Caso tenha alguma dúvida sobre a coleta, o processamento e o uso de dados pessoais, sobre divulgação, autorização, bloqueio ou exclusão de dados ou sobre a revogação de qualquer permissão concedida, entre em contato conosco pelos canais de contato disponíveis, seja por *e-mail* ou telefone.

Para empresas convencionais

Política de privacidade e uso de dados pessoais

Quando você acessa XXXXXX, você nos confia seus dados e informações, e por isso nos comprometemos a manter essa confiança por meio de sistemas de proteção.

Nesse sentido, este documento de política de privacidade explica de maneira clara e acessível como as suas informações e dados serão coletados, usados, compartilhados e armazenados por meio dos nossos sistemas.

A aceitação da nossa política será feita quando você acessar ou usar *site*, aplicativo ou serviços da XXXXXX. Isso indicará que você está ciente e em total acordo com a forma como utilizaremos as suas informações e seus dados.

Para facilitar sua compreensão, a presente política está dividida da seguinte forma:

- **Quais informações a XXXXXX coleta?**
- **Como a XXXXXX utiliza seus dados?**
- **Sobre a exclusão dos dados**
- **Sobre o compartilhamento de informações**
- **Atualização da política de privacidade e uso de dados pessoais**
- **Lei aplicável**

1. Quais informações a XXXXXX coleta?

Nós coletamos as informações que você nos fornece, que podem incluir:

- **Dados pessoais** – Quando você se cadastra na XXXXXX, nos fornece informações como nome, endereço de *e-mail*, CPF/CNPJ, data de nascimento, estado civil, número de telefone, foto, idade, gênero.

- **Dados pessoais sensíveis** – Você poderá nos fornecer dados como orientação sexual, que tradicionalmente são considerados sensíveis. Seus dados sensíveis serão utilizados para recomendação de produtos. Por meio dessa política, você concorda expressamente com a coleta, o uso e o compartilhamento desses dados, nos termos aqui estabelecidos.

Portanto, em síntese, coletamos todas as informações ativamente disponibilizadas pelo usuário na utilização do nosso *site* ou plataforma.

2. Como a XXXXXX utiliza seus dados?

Nós da XXXXXX prezamos muito pela sua privacidade. Por isso, todos os dados e informações sobre você são tratados como confidenciais, e somente os usaremos para os fins aqui descritos e autorizados por

MODELOS SIMPLIFICADOS DE POLÍTICA DE PRIVACIDADE 193

você, principalmente para que você possa utilizar a XXXXXX de forma plena, visando sempre melhorar a sua experiência como cliente.

Por meio desta política fica autorizado utilizar seus dados para:

- Acesso aos recursos e funcionalidades do ambiente XXXXXX.
- Envio de mensagens como alertas, notificações e atualizações.
- Comunicação sobre produtos, serviços, promoções, notícias, atualizações, eventos e outros assuntos em que você possa ter interesse.
- Personalização dos serviços para adequá-los cada vez mais aos seus gostos e interesses.
- Criação de novos serviços, produtos e funcionalidades.
- Entender melhor o comportamento do usuário e construir perfis comportamentais.

Eventualmente, poderemos utilizar dados para finalidades não previstas nesta política de privacidade, mas que estarão de acordo com suas legítimas expectativas. O eventual uso dos seus dados para finalidades que não cumpram com essa prerrogativa será feito mediante sua autorização prévia.

3. Sobre a exclusão dos dados

Todos os dados coletados serão excluídos de nossos servidores quando você assim requisitar, por procedimento gratuito e facilitado, ou quando estes não forem mais necessários ou relevantes para lhe oferecermos os nossos serviços, salvo se houver qualquer outra razão para a sua manutenção, como eventual obrigação legal de retenção de dados ou necessidade de preservação destes para resguardo de direitos da XXXXXX.

4. Sobre o compartilhamento de informações

A XXXXXX pode/não compartilhar as informações que coleta, inclusive seus dados sensíveis, com (alterar conforme o caso) parceiros comerciais, anunciantes, patrocinadores e provedores de serviços, sempre que for possível, de forma anônima, visando preservar a sua privacidade. Por meio deste documento, você autoriza expressamente tais compartilhamentos.

A XXXXXX se reserva o direito de fornecer dados e informações sobre você, incluindo interações suas, caso seja requisitado judicialmente para tanto, ato necessário para que a empresa esteja em conformidade com as leis nacionais, ou caso você autorize expressamente.

Todos os seus dados são confidenciais e somente as pessoas com as devidas autorizações terão acesso a eles. Qualquer uso destes estará de acordo com a presente política. A XXXXXX empreenderá todos os esforços razoáveis de mercado para garantir a segurança dos nossos sistemas e dos seus dados.

Nossos servidores são protegidos e controlados para garantir a segurança, e somente podem ser acessados por meio de pessoas previamente autorizadas.

Todas as suas informações, principalmente dados sensíveis, serão, sempre que possível, criptografadas, caso não inviabilizem o seu uso pela plataforma. A qualquer momento, você poderá requisitar cópia dos seus dados armazenados em nossos sistemas. Manteremos os dados e informações somente até quando estes forem necessários ou relevantes para as finalidades descritas nesta política, ou em caso de períodos predeterminados por lei, ou até quando estes forem necessários para a manutenção de interesses legítimos da XXXXXX.

Todavia, não temos como garantir completamente que todos os dados e informações sobre você em nossa plataforma estarão livres de acessos não autorizados, principalmente caso haja compartilhamento indevido das credenciais necessárias para acessar o nosso aplicativo. Portanto, você é o único responsável por manter sua senha de acesso em local seguro, e é vedado o compartilhamento desta com terceiros. Você se compromete a notificar a XXXXXX imediatamente, por meio seguro, a respeito de qualquer uso não autorizado de sua conta, bem como o acesso não autorizado por terceiros a esta.

Atualização da política de privacidade e uso de dados pessoais

A XXXXXX se reserva o direito de alterar essa política quantas vezes forem necessárias, visando fornecer a você mais segurança, conveniência e melhorar cada vez mais a sua experiência. É por isso que é muito importante acessar nossa política periodicamente. Para facilitar, indicamos no início do documento a data da última atualização. Caso sejam feitas alterações relevantes que ensejem novas autorizações suas, publicaremos uma nova política de privacidade, sujeita novamente ao seu consentimento.

Lei aplicável

Este documento é regido e deve ser interpretado de acordo com as leis da República Federativa do Brasil. Fica eleito o Foro da Comarca do Rio de Janeiro, Estado do Rio de Janeiro, como o competente para dirimir quaisquer questões porventura oriundas do presente documento, com expressa renúncia a qualquer outro, por mais privilegiado que seja.

MODELO DE AVISO DE PRIVACIDADE PARA CORREIO ELETRÔNICO:

Em conformidade com a LGPD (Lei Geral de Proteção de Dados – Lei nº 13.709/2018), informamos que os dados pessoais contidos neste *e-mail* farão parte de um arquivo pertencente a www.os10mandamentosdalgpd.com.br, cujo objetivo é gerenciar as comunicações e o envio de informações comerciais ou publicidade, seja por causa de seu relacionamento conosco ou porque você nos autorizou a incluir seus dados pessoais em tal arquivo.

    Esses dados serão processados e retidos como confidenciais, por meio da aplicação das medidas de segurança relevantes e pelo período necessário para fornecer os nossos serviços ou, na sua falta, pelo período exigido por lei. Os dados fornecidos não serão divulgados a terceiros, exceto conforme possa ser exigido pela lei aplicável.

> Como Sujeito de Dados, você pode a qualquer momento exercer o direito de acesso, retificação, eliminação, restrição do processamento, bem como o direito à portabilidade de dados ou objeto de processamento encaminhando a solicitação para o *e-mail* contato@os10mandamentosdalgpd.com.br juntamente com um comprovante de identidade.

ÍNDICE ALFABÉTICO

A

Acesso, 180
Ações sobre privacidade de dados, 13
Acompanhamento de critérios externos, 70, 122
Adiamento da vacância na LGPD, 111
Administrador de banco de dados, 65
Agentes de tratamento, 177
Análise
  de brechas, 139, 155
  de vulnerabilidade, 41
  detalhada de brechas, 49
Anonimização, 177
ANPPD (Associação Nacional de Profissionais de Proteção de Dados), 134
Armazenamento, 180
Arquivamento, 180
Atualização da política de privacidade e uso de dados pessoais, 195
Auditoria de fluxo de dados, 49
Autenticação, 37
Autoridade Nacional de Proteção de Dados (ANPD), 43, 172, 177
Autorização, 37
Avaliação, 180
Aviso sobre divulgação de informações, 190

B

Banco de dados, 175, 177
Benefícios da conformidade com a LGPD, 83
Bloqueio, 177

C

Cadastro Positivo, 173
Capacitação de pessoal, 126
Certificações, 107
  de DPO, 77
  de empresas para LGPD, 77
Checklist de conformidade à LGPD, 47
Classificação, 180
  da informação, 36
Cláusula de privacidade, 177
Coleta, 180
  de dados privados de redes sociais, 176
  de informações de contato, 147
  e processamento de dados, 184
Comercialização, 180
  de dados públicos de pessoas, 175
Compartilhamento de informações, 193
  de bancos de dados utilizados por empresa, 146
  de clientes com terceiros, 176
Competências, 68
Comunicações, 51, 180
Confidencialidade, 25
Conformidade, monitorar e auditar, 51
Conscientização, 120

Consentimento, 91, 171, 177
Contato de proteção de dados, 191
Continuidade, 75
Controlador, 172, 178
Controle, 180
  de acesso, 37
Cookies, 186
  analíticos, 185
  funcionais, 185
  sociais, de preferências e de segmentação, 186
Cópia, 180
Criptografia, 40, 178

D

Dado(s)
  anonimizado, 178
  estruturados, 178
  não estruturados, 178
  pessoal, 16, 178, 192
    de criança e de adolescente, 178
  segurança, 171
  sensível, 178, 192
  público, 178
Data privacy officer (DPO), 173, 179
Data protection impact assessment (DPIA), 149, 153
Data protection officer (DPO), 8
DBA (*data base administrator*), 65
Denúncia práticas irregulares ou ilegais, 172
Diagnóstico situacional, 84, 139
Difusão, 180

Direito(s)
  de divulgação, 189
  de retificação, 189
  de revogação, 188
  do usuário sobre dados, 188
Distribuição, 181
DPO (*data protection officer*), 8, 30, 133
Due diligence, 83

E

Elaboração de políticas, 126
Eliminação, 179, 181
Encarregado de proteção de dados, 8, 30, 173, 179
Erros de privacidade, 145
Escopo e planejamento do projeto, 48
Estrutura de governança, 8
Exclusão dos dados, 193
Execução, 161
Extração, 181

F

Finalização, 162

G

Gap analysis, 84, 126, 136, 139, 155
Garantia da segurança de dados, 179
GDPR (General Data Protection Regulation), 1, 5, 167
Geolocalização, 179
Gerenciamento
  da política interna da privacidade de dados, 21, 121

  de alertas, 52, 121
  de riscos
    de segurança de informação, 35, 120
    de terceiros, 45, 120
    de um programa de conscientização e treinamento, 31, 120
Gestão
  da segurança da informação, 179
  formal de *backup*, 38
Governança, 48

I

Identificação, 37
Impressão, 181
Inclusão da privacidade de dados nas operações, 26, 120
Infraestrutura, 126
Interoperabilidade, 179
Inventário de dados, 49, 126, 179
  pessoais, 16, 120
ISO 27701, 99, 100

L

Legítimo interesse, 91, 92
Lei nº 13.709/2018, 1
LGPD (Lei Geral de Proteção de Dados), 1, 3, 6, 167, 169, 170, 173
  dez mandamentos da, 87
  razões para não adequação, 95

M

Malas diretas, 176
Manuseio, 181

ÍNDICE ALFABÉTICO

Marco Civil da Internet, 169, 173
Matriz de responsabilidades na LGPD, 119
Mecanismos de transferência de dados, 16, 120
Métodos de autenticação, 37
Modelo(s)
  de aviso de privacidade para correio eletrônico, 195
  de comprovante para consentimentos de uso de dados pessoais, 145
  simplificados de política de privacidade, 183
  para empresas convencionais, 191
  para *websites*, 183
Modificação, 181
Monitoramento
  de novas práticas operacionais, 61, 122
  e controle, 161
Multas, 11

N

Norma ISO 27001, 64

O

Opções e exclusão, 189
Operador, 172, 179
Oportunidades de marketing, 83
Órgão de pesquisa, 179

P

Paradoxo da escolha, 74

Pessoas mortas e quebra de privacidade, 175
PL 1027/2020, 13
Planejamento, 160
Plano(s)
  de continuidade de negócios, 38, 144
  de resposta a incidentes, 39
Política(s), 50
  de *cookies*, 185
  de privacidade, 183, 191
  de segurança de informação, 32, 36
Práticas de manuseio de dados, 65, 121
Prestação de contas, 48
Privacidade, 25, 174
  com confidencialidade, 34
  como garantir a, 168
  definida na Constituição Federal, 150
  nas informações dos mortos, 85
Privacy Information Management System (PIMS), 99
Procedimentos, 50
Processamento, 181
Processos operacionais, 50
Produção, 181
Programa(s)
  de fidelidade, 163
  de gerenciamento na perda de dados, 14, 121
Projeto de conformidade à LGPD, 159
Proteção de dados, 35, 190

pessoais por meio de medidas processuais e técnicas, 50

R

Recepção, 181
Regulamento Geral de Proteção de Dados, 1
Relatório de impacto à proteção de dados pessoais, 180
Reprodução, 181
Responsabilidades legais da LGPDP, 78
Resposta de solicitações e reclamações de terceiros, 57, 121
Revisão e atualização de contratos, 126
RIPD (Relatório de Impacto à Proteção de Dados), 150, 153

S

Segmentação de *cookies*, 186
Segurança de informação, 63, 64
Sistema de Gestão de Privacidade de Informação, 99
Suporte, 75
  e continuidade da estrutura de privacidade, 122

T

Termo(s)
  de consentimento, 180
  de referência, 125, 135

Teste de invasão (Pentest), 40, 41

Titular, 180

Transferência, 181
    internacional de dados, 180

Transmissão, 181

Tratamento, 180

Treinamento, 120, 126

U

Uso
    compartilhado de dados, 181
    de dados, 187
    pessoais, 191
    de serviço, 183

Utilização, 181

V

Venda, 181

Violações de dados, 169